中國歷代史學名著快讀

周佳榮 編著

商務印書館

中國歷代史學名著快讀

編　　者：周佳榮
責任編輯：鄒淑樺
封面設計：涂　慧
出　　版：商務印書館（香港）有限公司
香港筲箕灣耀興道 3 號東滙廣場 8 樓
http://www.commercialpress.com.hk
發　　行：香港聯合書刊物流有限公司
香港新界大埔汀麗路 36 號中華商務印刷大廈 3 字樓
印　　刷：中華商務彩色印刷有限公司
香港新界大埔汀麗路 36 號中華商務印刷大廈 14 字樓
版　　次：2016 年 3 月第 1 版第 1 次印刷

ISBN 978 962 07 4535 5
Printed in Hong Kong

序

此書是由我的一本舊著《中國史學名著概說》(香港：香港教育圖書公司，1986年) 改編而成的，原書扼要介紹中國古代十一種史學名著，包括"四史"、"三通"、《資治通鑑》和《通鑑紀事本末》，以及《史通》、《文史通義》二大史評。除記敘編著者生平、成書經過、內容體例、史學評價外，並就相關的著作加以比較；另有附錄三項，分別簡述先秦史籍、二十五史、清代史籍凡四十種。其中"四史"與正文重複，不過詳略各異，既可視為撮要，亦可互相參照，以收融會貫通之效。

當初的讀者對象是投考大學的預科生，所以力求內容繁簡得當，同時盡量參考一些較新的研究成果，重要項目用表解說明。台北唐山出版社於1989年印了一個台灣版，香港版亦於1990年重印，港台地區的高中生和大學生常用作參考，是一冊認識中國古代史學發展的入門用書。至1994年，由於學界對史學知識的需求有所提高，香港版改題《中國歷代史學名著》，內容編排按照先秦、兩漢、魏晉南北朝、唐代、宋代、清代六個時期的區分，闡述歷代重要史學名著十三種，並旁及多種相關的典籍，或作為補充，或加以比較，務求能把中國古代史學的概略面貌，有條不紊地展示出來。

轉瞬逾二十年，該書在坊間已難購得。近日重新整理舊稿，考慮到史學、史家與時代的相互關係，於是按史書體裁和題材性質加以改編，並增入〈導論：中國史學著作及其體例〉和〈現代中國史學的成立：從理論到方法〉兩章，而成現在這個面貌。大抵來說，各章編排是盡量按時代順序的，通過史家與名著的記敘，說明幾種主要史書體裁的內容和特色。

中國是世界上首屈一指的史學大國，歷代史籍卷帙浩繁，本書只能舉其大端，無法一一加以介紹。對史學名著有精闢見解的學者甚多，如錢穆、張舜徽、呂思勉諸大師，筆者不敢望其項背，本書旨在為年輕學子提供便捷的進修途徑，藉此一窺中國史學殿堂之博大精深而已。未盡妥善之處或所不免，敬希讀者方家見諒。

周佳榮　謹識
2015 年 1 月 30 日於
香港浸會大學歷史系

目錄

第一章　導論：中國歷代史學著作及其體例

第一節　史學的意義和目的

中國古代關於史的意義，概有二說：一說以“史”為記事之義，一說以“史”為掌官書的職名。古者左史記事，右史記言，敘述前跡，褒貶得中，足為後人借鑑，乃可稱史。換言之，史的本質是“中正不阿”，史的功用是“有裨治道”，這就是中國古代對於史的觀點。西晉目錄學家荀勖撰《中經新簿》，分書籍為甲、乙、丙、丁四部，史始獨立為丙部，而隋唐諸志則列史為乙部。因此史學在古時又稱為“乙部”或“乙部之學”，其地位僅次於經。

現代所說的“歷史”，概由“歷代之史”簡約而來，始自十九、二十世紀之交，有廣義和狹義之分：廣義的歷史，泛指一切事物的發展過程，包括自然歷史和社會歷史；狹義的歷史，則僅指社會歷史，即人類社會已發生的事件、經歷的過程，以及對這些事件和過程的記述。

研究歷史的學問，稱為“歷史學”，亦稱“史學”，其總體結構大致可以分為三個層次：(一) 基礎層次，主要是史料方面，包括史料學、歷史文獻學、考古學、金石學、甲骨學、檔案學等；(二) 撰述層次，指完成對歷史過程、本質、規律的敘述、編纂和揭示，包括通史、斷代史、專門史、國別史、區域史，以及與史學相關的邊緣學科和分支學科等；(三) 指導層次，主要是史學理論，包括歷史理論和史學方法等，這對第一、二個層次的史學起著指導作用。此外，研究歷史學本身發展歷史的史學史，也屬於史學研究範圍，而且備受史學研究者本身的重視。

至於史的目的，唐代劉知幾說："達道義，彰法式，通古今，著功勳，表賢能，敘沿革，明罪惡，旌怪異。"近人梁啟超說："史者何？記述人類社會賡續活動之體相，較其總成績，求得其因果關係，以為現代一般人活動之資鑑者也。"概括而言，歷史就是"敍述進化之現象"。

第二節　中國歷代史學概説

一、先秦時期

先秦時期是指秦代（公元前 221 —前 206 年）統一中國以前的歷史時期，可遠溯至傳說中的三皇五帝時期，一般是指夏、商、周三代。[1] 中國遠在商代甚至以前，已經有了文字，可以用來記錄時事，商代還出現了史官。《尚書》是中國最早的史料匯編，保存了商、周時代的一些重要文獻。《春秋》是中國傳世的最早一部編年體史書，按年月日順序記錄史事，此書原是魯國的國史，出於魯國史官之手，而經孔子整理。如果考究中國古代史學發達興旺的原因，不能不強調孔子與《春秋》聯結在一起所起到的特殊作用。[2]

其後相繼出現了一些敘述春秋戰國時期史書的典籍，如編年體的《左傳》、《公羊傳》、《穀梁傳》，及略具國別斷代史性質的《國語》和《戰國策》等，各有特色。《左傳》一書敘事詳備，文筆生動，是中國最早一部

1　夏代約從公元前 21 世紀至約公元前 16 世紀，商代約從公元前 16 世紀至約公元前 11 世紀，周代分西周（約公元前 11 世紀—前 771 年）和東周（公元前 770 —前 256 年），東周包括春秋（公元前 770 —前 476 年）、戰國（公元前 475 —前 221 年）兩個時期。

2　喬治忠著《中國史學史》（北京：中國人民大學出版社，2011 年），頁 60。

史學名著，在先秦史學中成就最高。

如果說，《春秋》是記事之史，《國語》是記言之史，那麼《左傳》已經發展到成為一種言事兩者兼載的編年史了。

二、漢魏南北朝時期

兩漢時期出現了兩部史學巨著，一是西漢（公元前 206 —公元 3 年）時司馬遷的《史記》，另一是東漢（公元 25 — 220 年）時班固的《漢書》，並稱"史漢"。《史記》開創了綜合本紀、表、書、世家、列傳於一書的紀傳體通史體例，記載了二千六百餘年間的史事；《漢書》則記西漢一代史事，開創了紀傳體斷代史的先例。二書各有所長，在中國史學上都有突出的地位和深遠的影響。

魏晉南北朝時期的歷史著作非常豐富，以斷代史和人物傳記最多，斷代史著作多已亡佚，現存的名著有西晉(公元 265 — 317 年）時陳壽的《三國志》和劉宋（公元 420 — 479 年）時范曄的《後漢書》等。《史記》、《漢書》、《後漢書》和《三國志》合稱"四史"，是正史中的代表作。

三、隋唐五代時期

隋代（公元 581 — 618 年）統一和安定的時間較短，只是為其後的史學發展開出端緒。唐代(公元 618 — 907 年）史學理論家劉知幾所著的《史通》，對中國古代史學作了系統性的評論，在史書編撰、書事曲直、史家修養、史館監修等方面，都提出了重要的看法。中唐以後，開始出現旨在"通變"和"致用"的通史，杜佑的《通典》，是中國第一部典制通史。

五代各朝（梁、唐、晉、漢、周）在分裂動蕩的政治環境下，仍然設置史館，史官制度亦大致上承襲唐朝的體例，保持由官方徵集史料、纂修實錄等史籍的基本格局。隋唐至兩宋時期，官方史學發展迅速，中國傳統史學的成熟化，首先就是表現於官方史學的建設方面，包括史館建置與記史、修史制度，以及官方對本朝史事的記述和纂修。

四、宋元時期

北宋（公元 960 — 1127 年）時司馬光主編的《資治通鑑》，是第一部編年體通史，內容以有關國計民生的政治史為重點，在史學上產生很大的影響。南宋（公元 1127 — 1279 年）時袁樞據此編成《通鑑紀事本末》，首創將史事分別立目，獨立成篇，各篇按時間順序編寫的紀事本末體。

南宋時又有鄭樵撰《通志》，是一部紀傳體通史；宋末元初馬端臨撰《文獻通考》，是繼《通典》之後又一部典制通史，但旨在通古今的典制，而不涉時政。《通典》、《通志》和《文獻通考》，並稱“三通”。

“三通”的影響及於後世，清代和近代都有續作。清代有《續通典》、《續通志》和《續文獻通考》，又有《清通典》、《清通志》和《清文獻通考》，合稱“九通”；連同近代劉錦藻的《清續文獻通考》，成為“十通”。

五、明清時期

明朝（公元 1368 — 1644 年）大致沿襲元朝的史官制度，沒有常設的修史館局，如有修史之事則臨時抽調人力，翰林院就是提供修史人員的重要機構。缺乏修史組織，是明朝官方史學不能振作的原因之一。

清代（公元 1644 — 1912 年）到了乾嘉時期，歷史撰述與評論、歷史文獻學等方面都有成績，考史著作以王鳴盛的《十七史商榷》、錢大昕的《廿二史考異》、趙翼的《廿二史劄記》為代表，並稱“清代三大考史名著”。史學理論家章學誠所著《文史通義》，對中國古代史學作了尖銳的批評，且提出自己的史學見解，在史學理論方面有很大建樹。《史通》與《文史通義》是中國古代兩大史評，後世亦將劉知幾與章學誠二人並列。

六、近代以來

清朝末年，隨着時代的變遷，歷史的發展越來越趨複雜多端，以及在西方文化影響下，梁啟超倡導新史學，既着眼於創新，實亦致力於中國古代史學的傳承。二十世紀初年，出現了不少關於新史學理論和研究方法的著譯，中國通史、中國文化史之類的新式著作，亦應運而生。特別值得注意的，是夏曾佑著《中國歷史教科書》，分章分節敘述歷史事跡，稱為"章節體"。其後史學界普遍採用這種體裁，直至現在。

同時值得注重的一事，乃學者於埋首歷史研究和撰寫史學著作之外，從事歷史教學工作者大不乏人，為普及歷史知識於大眾作出貢獻，成為近代史學的一大特色。馬克思主義史學傳入中國後，唯物史觀與中國歷史研究的結合取得可觀的成績，1949 年中華人民共和國成立以來，有全面性的發展。

第三節　中國古代史書的體裁

今之言史體者，多以梁啟超所分之四體為主，即紀傳、編年、紀事本末、政書。扼要而言，紀傳體以人物為主，詳一人之事跡；編年體以年代為主，詳一國之治體；紀事本末兼紀傳、編年兩者而有之，以事跡為主，詳一事之始末；至於政書，則以制度為主，詳一制之原委。此外，尚有史評一類的著作。（表 1）

表 1 中國古代史書的體裁

體裁	説明	史書
1. 紀傳體(正史)	以人物為中心的史書體裁	《史記》、《漢書》等(二十五史/二十六史)
2. 編年體	按年月日順序編寫史書的體裁	《竹書紀年》、《春秋》、《左傳》、《資治通鑑》等
3. 紀事本末體	以歷史事件為綱的史書體裁	《通鑑紀事本末》、《宋史紀事本末》等
4. 政書	以制度為主的史書體裁	《通典》等(三通/十通)
5. 史評	評論史書或史事的著作	《史通》、《文史通義》等

一、紀傳體史書

亦稱“正史”，是以人物為中心的史書體裁，始創於西漢時司馬遷的《史記》，包括本紀、世家、列傳、書、表，歷代編纂的“正史”加以沿用，二十四史乃至二十六史，均屬此體裁。紀傳體有利於考見歷史上各類人物的活動和典章制度等，但對於處理事件發生的時間順序，以及事件與事件之間的相互聯繫，則較為不便。

中國古代史書本以編年為主體，然自《史記》一書出，紀傳體史書即取得正史的地位，必定有其特殊的優點。大抵而言，在其兼容並包，正如趙翼《廿二史箚記》所說：“司馬遷參酌古今，發凡起例，創為全史。……然後一代君臣政事賢否得失，總匯於一編之中。自此例一定，歷代作史者遂不能出其範圍。”

二、編年體史書

編年體是按年月日順序編寫史書的一種體裁，如《竹書紀年》、《春秋》、《資治通鑑》等均是。編年體的好處是以年月為經、史事為緯，讀者容易看出同一時期各事件之間的聯繫；但紀事前後割裂，首尾不能連貫，歷史人物生平、典章制度等不能詳其原委，都是其缺點。古代的"編年"體，文句極其簡短，每條紀事，亦不互相聯屬，近人梁啟超稱之為"帳簿式的編年體"。新的"編年"體，始於東漢荀悅的《漢紀》。至於編年體的分類，可大略分為兩類：其一、歷代的"編年"，屬於"通史"，始於《竹書紀年》，而以北宋司馬光的《資治通鑑》為代表作；其二、一代的"編年"，屬"斷代史"，以《春秋》為其濫觴，而始於《漢紀》。

三、紀事本末體史書

紀事本末體是以歷史事件為綱的史書體裁，其方法是將重要史事分別列目，獨立成篇，各篇又按年月順序編寫。南宋袁樞據編年史《資治通鑑》改編而成《通鑑紀事本末》，是中國第一部紀事本末體史書。在其影響下，運用這種形式編寫史書的人很多，明清時期出現了十多種紀事本末體史籍，自成一個系統。

紀事本末體的優點，是每個歷史事件的前後始末，可以一覽了然，其好處正如《文史通義》所言："文省於紀傳，事豁於編年。"至於這種體裁的缺點，是往往把史事孤立起來，各題之間缺乏內在聯繫，同一時期發生的各個事件，亦不能兼顧。內容主要集中於與政治有關的事項，而於文化、學術、社會、經濟各方面則多未顧及。[3]

四、政書

政書是以制度為主的史書體裁。《隋書》〈經籍志〉分為"舊事"、"儀注"、"刑法"三類，後代目錄學家多據此作分類。(一)"舊事"或作"故事"，亦作"典故"；(二)"儀注"或作"禮法"；(三)"刑法"亦作"政刑"，

3　方壯猷著《中國史學概要》(武漢：武漢大學出版社，2011 年)，頁 150 — 151。

或稱“法令”，僅名稱上略有不同。清代編《四庫全書》，始據錢溥《祕閣書目》合併為“政書”一門。張之洞《書目問答》沿用，成為四種重要史體（紀傳、編年、紀事本末、政書）之一。

唐代杜佑撰《通典》，是現存最早和具權威的通史性政書，後人仿撰，而有“三通”以至“十通”。歷朝會要、會典，亦屬此體。政書分類敘述一代或歷代的典章文物制度，較正史的書、志更為豐富、詳細和廣泛，且按時間順序記載其沿革，便於閱讀和查考。

五、史評

上述四種史書體裁之外，尚有一些評論史書或史事的著作，稱為史評，亦即史學評論。有三種：(一) 批評史書者，主要是針對作史方法，相當於史學方法論，唐代劉知幾的《史通》、南宋鄭樵的《通志》和清代章學誠的《文史通義》，均屬此類；(二) 批評史事者，就是借討論史事來表現對於時事的意見，可說是史論，宋代呂祖謙的《東萊博議》、明代張溥的《歷代史論》、清代王夫之的《讀通鑑論》和《宋論》均是；(三) 考證史實者，以論述各時代史實的特徵為主要內容，可說是史的考證學，例如北宋司馬光撰《通鑑考異》和清代錢大昕的《二十二史考異》、王鳴盛的《十七史商榷》、趙翼的《廿二史箚記》等。

第二章　先秦名著：史學起源和初期發展

第一節　《尚書》：最早的文獻匯編

一、《尚書》的內容和版本

《尚書》是中國最早的歷史文獻集，原稱《書》，漢代始稱《尚書》；古人"尚"與"上"通用，意即"上古之書"。儒家把它列為經典之一，因此又名《書經》。

《尚書》分為"典"、"謨"、"訓"、"誥"、"誓"、"命"六種體例，收集了商、周兩代統治者的一些談話記錄、命令、宣言，及東周、戰國時期根據遠古材料加工編成的虞、夏史事記載。內容上起堯、舜，下至秦穆公，可以依時代分為"虞書"、"夏書"、"商書"和"周書"。相傳經過孔子整理，選編成一百篇。秦代焚書，典籍遭受極大損失，其後出現《今文尚書》和《古文尚書》，並且引起學術史上長期的今、古文《尚書》之爭。

西漢初年，原秦博士伏生（亦稱伏勝）傳授二十八篇（亦有分《顧命》及《康王之誥》為二而成二十九篇的），立於學官，因用當時通行的隸書寫成，故稱《今文尚書》。漢武帝時，相傳從孔子舊宅牆壁中發現許多竹簡，經孔安國整理出來的《尚書》，比《今文尚書》多出十六篇，因為用漢代以前的文字寫成，故稱《古文尚書》。劉歆以此爭立於學官，但未成功。《古文尚書》由於不是官書，無人傳授，不久就亡佚了。

東晉初年，豫章內史梅賾（一作梅頤）向朝廷獻上《古文尚書》一部，並有《孔安國傳》，唐代孔穎達為之作疏。宋代學者吳棫、朱熹開始懷疑此書，經過明代梅鷟及清代閻若璩、惠棟等人考證，判定為偽作。

現今通行的《十三經注疏》本《尚書》五十八篇，是《今文尚書》和《古文尚書》的合編本。其中屬於《今文尚書》的有二十八篇，注疏本分為三十三篇，均屬商、周文獻的孑遺，是研究中國古代歷史的珍貴史料，例如〈堯典〉之於原始社會、〈盤庚〉之於商代社會、〈禹貢〉之於古代地理等。另二十五篇是晚出的偽書，但也有一些參考價值。

《尚書》雖然只是史料，不能算作完整的、系統的史書，但也被公認為中國史籍的濫觴。西漢司馬遷作《史記》，就吸收了《古文尚書》二十八篇的大部分材料。《漢書》〈藝文志〉等認為《尚書》記言，《春秋》記事。唐代劉知幾《史通》總匯史家為六大派，而以"尚書家"居首，以《尚書》作為記言的史體，但體例不純，又有記事的專篇。其實言與事不可絕然分開，清代章學誠《文史通義》就反對這樣的劃分，舉述"《尚書》典、謨之篇，記事而言亦見焉。事見於言，言以為事，未嘗分言、事為二物也。"(《書教》上）清代學者還指出，後代紀事本末的史書體例，是本於《尚書》的。《尚書》的通行注本，有唐代孔穎達的《尚書正義》、清代孫星衍的《尚書今古文注疏》等。

《尚書》

周書・無逸

周公曰："嗚呼！君子所其無逸。先知稼穡之艱難，乃逸；則知小人之依。相小人，厥父母勤勞稼穡，厥子乃不知稼穡之艱難，乃逸。乃諺。既誕，否則侮厥父母，曰：'昔之人無聞知。'"周公曰："嗚呼！我聞曰：昔在殷王中宗，嚴恭寅畏天命自度，治民祗懼，不敢荒寧。肆中宗之享國七十有五年。其在高宗，時舊勞于外，爰暨小人，作其即位，乃或亮陰，三年不言。其惟不言，言乃雍。不敢荒寧，嘉靖殷邦。至于小大，無時或怨　。肆高宗之享國五十有九年。其在祖甲，不義惟王，舊為小人。作其即位，爰知小人之依，能保惠于庶民，不敢侮鰥寡。肆祖甲之享國三十有三年。自時厥後立王，生則逸！生則逸！不知稼穡之艱難，不聞小人之勞，惟耽樂之從。自時厥後，亦罔或克壽，或十年，或七八年，或五六年，或四三年。"周公曰："嗚呼！厥亦惟我周太王、王季，克自抑畏。文王卑服，即康功田功。徽柔懿恭，懷保小民，惠鮮鰥寡。自朝至于日中昃，不遑暇食，用咸和萬民。文王不敢盤于遊田，以庶邦惟正之共。文王受命惟中身，厥享國五十年。"周公曰："嗚呼！繼自今嗣王　，則其無淫于觀、于逸、于遊、于田，以萬民惟正之供。無皇曰：'今日耽樂。'乃非民攸訓，非天攸若，時人丕則有愆。無若殷王受之迷亂，酗于酒德哉。"周公曰："嗚呼！我聞曰：'古之人猶胥訓告，胥保惠，胥教誨；民無或胥譸張為幻。'此厥不聽，人乃訓之；乃變亂先王之正刑，至于小大。民否則厥心違怨；否則厥口詛祝。"周公曰："嗚呼！自殷王中宗及高宗及祖甲，及我周文王，茲四人迪哲。厥或告之曰：'小人怨汝詈汝！'則皇自敬德　。厥愆，曰：'朕之愆，允若時。'不啻不敢含怒。此厥不聽，人乃或譸張為幻。曰：'小人怨汝詈汝！'則信之。則若時，不永念厥辟　。不綽厥心，亂罰無罪，殺無辜，怨有同，是叢于厥身。"周公曰："嗚呼！嗣王其監于茲！"

第二節　《春秋》：最早的編年體史書

孔子（公元前551—前479年），名丘，字仲尼，魯國陬邑（今山東曲阜東南）人，是春秋末年的思想家、教育家、政治家，儒家學派的創始人。幼年喪父，曾做過管理倉庫的"委吏"和看管牛羊的"乘田"。中年時擔任過魯司寇，後來被迫離職，周遊列國，宣揚自己的政治理論，但終不見用。晚年回到魯國，致力教育。

相傳孔子曾整理《詩》、《書》，刪修《春秋》。他的言論由學生輯錄整理，而成《論語》一書。孔子學說以"仁"為中心，講求"禮"、"樂"，企圖以"正名"的主張維護宗法制的貴族統治。歷代統治者尊孔子為聖人，孔子思想影響中國文化達二千多年。《詩經》、《尚書》、《儀禮》、《周易》、《春秋》、《樂經》是儒家的六部經典著作，稱為"六經"。

《春秋》是孔子根據魯國史官所編的史書重新修訂而成的。[1] 按照魯國十二個君主的次序，記述了從魯隱公元年（周平王四十九年；公元前722年）到魯哀公十四年（周敬王三十九年；公元前481年）間二百四十二年的歷史。後人且把書中所包括的時代，稱為"春秋時代"。

《春秋》的內容，以軍事、政治活動如戰爭、會盟、朝聘等為主，也涉及一些關於自然現象（日蝕、地震、水災、旱災、蟲災等）和雜項（祭祀、婚喪、宮室等）。全書總計一萬八千字，分條記事，不相聯屬。其寫法是在一年之下標出四季，再加日期，然後寫出史事。文句極為簡短，每條最多不過四十七字，最少僅有一字。用意是要隱寓褒貶，使亂臣賊子知所畏懼，藉以匡時救世；所以書中對當時政治事件均有所評論，成為一大

1　孔子自言"述而不作"（見《論語》〈述而〉），《春秋》的作者應是魯國史官，孔子可能作了文字上的修改，所以孔子作《春秋》的舊說不可信。參趙光賢《春秋與左傳》，倉修良主編《中國史學名著評介》第1卷，頁26。

特色。後世有些史家刻意仿效這種《春秋》筆法，在史學上有相當的影響。

自西漢以來，《春秋》被儒家奉為經典，列為五經之一，故又有《春秋經》之稱。但因此書記事過簡，沒有詳盡寫出每一事件的原委，加上措詞隱晦，難以了解，所以後代便出現了補充和解釋的著作。《春秋》三傳之中，《左氏傳》以述事為主，具有很高的史料地位；《公羊傳》及《穀梁傳》以述義為主，所以史料價值不及《左氏傳》。

從史學方面來說，《春秋》是中國現存最早的編年史，對後世編年體史書的發展產生了很大的影響；又是第一部私修的史書，在史學史上具有一定的意義。

第三節　《左傳》：最早的史學名著

一、《左傳》的作者和內容

《左傳》是《春秋左氏傳》的簡稱，又叫《左氏春秋》、《春秋內傳》，是《春秋》三傳之一。此書作者，相傳是與孔子同時的魯國史官左丘明[2]，學界對此也有加以懷疑的，迄今尚無定論。實際成書時間，應當在戰國中期。[3]

《左傳》對春秋時期東周王朝及各諸侯國的盛衰興亡作了極為詳盡、

2　左丘明，魯國人。一說姓左丘，名明；一說姓左，名丘明。雙目失明，曾任魯太史。與孔子同時期，或謂在孔子之前。著《國語》，相傳《左傳》亦是他所作。

3　《中國大百科全書》〈中國歷史 3〉，羅世烈所撰〈左傳〉條，指出“從內容來看，該書應屬戰國中期作品，不可能成於比孔子尚早的左丘明之手，但其主體可能是左丘明講述的史事，因而最後的編訂者才以他主名。”（頁 1639）向來又有人認為《左傳》是西漢劉歆偽作之說，非是。

生動的記載，並保存了有關東周時期的豐富史料，包括政治制度、階級關係、民族關係、社會變革、思想文化、典章名物等方面，對史前傳説時代和夏、商、周、西周時期的歷史亦有所追記。

《左傳》具有極高的史料價值，對於研究先秦史、特別是春秋史，是非常重要的；加上記事詳贍，文詞優美生動，不但是一部完整的編年史，同時也是優秀的文學作品。

西漢末年，劉歆曾對本書有所改動；西晉杜預為本書注解時，又重加編排。[4] 今本《左傳》計六十卷，共十八萬字，已非原來面目。

二、《春秋》與《左傳》的比較

關於《左傳》解釋《春秋》的問題，學者看法很不一致。有人認為它是為《春秋》作注解的，也有人認為它與《春秋》不存在互相依附的關係，而是一部獨立的史書。無論如何，《左傳》明顯的有一些地方不同於《春秋》，並不受《春秋》所局限，主要包括：

第一、《春秋》記事起自魯隱公元年（公元前 722 年），止於魯哀公十四年（公元前 481 年）；《左傳》則止於魯哀公二十七年（公元前 468 年），還保存了春秋以前的一些史事和傳記。

第二、兩書所錄史事不盡相同，有時見於《春秋》，而不見於《左傳》，有時則見於《左傳》而不見於《春秋》。

第三、《左傳》不以一國為中心，除魯國歷史外，更系統敘述當時幾個主要諸侯國家的史事。

第四、《左傳》內容不限於政治，往往涉及社會各個方面；對於大事

4　杜預作《春秋經傳集解》，始將《春秋》與《左傳》合編為一書，博採漢儒解説，考訂異同，自成專門之學。後世以《左傳》與《春秋》合刊，並列為儒家“十三經”之一。

固多詳敘，然所謂瑣語一類亦每採集不遺，故較具體地反映出當時的社會實態。

三、“春秋三傳”的異同

《左傳》與《公羊傳》、《穀梁傳》並稱“春秋三傳”，簡稱“三傳”，即解釋《春秋》的三種著作。《左傳》內容以述事為主，具有很高的史料價值；至於《公羊傳》和《穀梁傳》，則以述義為主。（表 2）

《公羊傳》亦名《春秋公羊傳》、《公羊春秋》，是孔子後學專門闡述《春秋》的著作。[5] 全書以問答體逐條闡發孔子作《春秋》時的“微言大義”，據以評判春秋歷史事件的道德原則。流行的注本有東漢何休的《春秋公羊解詁》。

《穀梁傳》亦名《春秋穀梁傳》、《穀梁春秋》，是孔子後學闡述《春秋》的著作。[6] 體裁與《公羊傳》相仿，亦以問答體逐條闡發孔子《春秋》所蘊含的政治倫理思想和史學編纂思想，是研究孔子思想和儒家學說的重要資料。流行的注本有晉范寧的《春秋穀梁傳集解》。

第四節　《竹書紀年》、《國語》、《戰國策》

一、《竹書紀年》：編年體通史

《竹書紀年》本稱《紀年》，因西晉武帝時在汲郡戰國魏襄王墓中發現

5　《公羊傳》舊說是戰國時公羊高所撰，一說漢景帝時始由公羊壽與胡母生寫定成書。漢時立為官學。

6　《穀梁傳》舊說是戰國時穀赤所撰，一說西漢時始寫定成書。漢時立為官學，但地位不及《公羊傳》。

表 2《春秋》與“三傳”的內容

書名	內容起迄	編撰者及內容特色	原文選段
《春秋》（亦稱《春秋經》）	起於魯隱公元年（公元前 722 年），終於魯哀公十四年（公元前 481 年），計二百四十二年。	• 相傳是孔子依據魯國史官所編《春秋》加以整理修訂而成； • 中國最早的編年體史書，文字簡短，相傳寓有褒貶之意，後世稱為“春秋筆法”。	隱公元年，春，王正月。 ……
《左傳》（亦稱《春秋左氏傳》或《左氏春秋》）	起於魯隱公元年（公元前 722 年），終於魯哀公二十七年（公元前 468 年），比《春秋》多出十餘年，其敘事更至於魯悼公十四年（公元前 454 年）為止。	• 舊傳春秋時左丘明所撰，清代經今文學家認為是劉歆改編，近人認為是戰國初年人據各國史料編成； • 多用事實解釋《春秋》，同《公羊傳》、《穀梁傳》完全用義理解釋有異； • 書中保存了大量古代史料，文字優美，記事詳明。	隱公元年 惠公元妃孟子，孟子卒，繼室以聲子，生隱公，宋武公生仲子，仲子生而有文在其手，曰為魯夫人，故仲子歸于我，生桓公而惠公薨，是以隱公立而奉之。 元年，春，王周正月，不書即位，攝也。 ……

《公羊傳》（亦稱《春秋公羊傳》或《公羊春秋》）	與《春秋》相同。	• 相傳是戰國時公羊高所撰，初僅口說流傳，漢景帝時，其玄孫公羊壽與學生胡母生著錄成書； • 專門闡釋《春秋》的“微言大義”，史事記載較簡略，歷代今文經學家時常用它作為議論政治的工具，是研究戰國、秦漢間儒家思想的重要資料。	隱公元年春王正月。元年者和？君之始年也。春者何？歲之始也。王者孰謂？謂文王也。曷為先言王而後言正月？王正月也。何言乎王正月？大一統也。公何以不言即位？成公意也。何成乎公之意？公將平國而反之桓。曷為反之桓？桓幼而貴，隱長而卑，其為尊卑也微，國人莫知。隱長又賢，諸大夫扳隱而立之。隱於是焉而辭立，則未知桓之將必得立也。且如桓立，則恐諸大夫之不能相幼君也，故凡隱之立為桓立也。隱長又賢，何以不宜立？立適以長不以賢，立子以貴不以長。桓何以貴？母貴也。母貴則子何以貴？子以母貴，母以子貴。 ……
《穀梁傳》（亦稱《春秋穀梁傳》或《穀梁春秋》）	與《春秋》相同。	• 相傳是穀梁赤撰，後傳弟子據其口述記錄成書，成於西漢時； • 以闡釋《春秋》經義為主，體裁與《公羊傳》相近，但較審慎、質樸，是研究戰國、秦漢時期儒家思想的重要資料。	隱公元年元年春王正月。雖無事，必舉正月，謹始也。公何以不言即位？成公志也。焉成之？言君之不取為公也。君之不取為公何也？將以讓桓也。讓桓正乎？曰不正。《春秋》成人之美，不成人之惡。隱不正而成之，何也？將以惡桓也。其惡桓何也？隱將讓而桓弒之，則桓惡矣；桓弒而隱讓，則隱善矣。善則其不正焉何也？《春秋》貴義而不貴惠，信道而不信邪。孝子揚父之美，不揚父之惡。先君之欲與桓，非正也，邪也；雖然，既勝其邪心以與隱矣。已探先君之邪志，而遂以與桓，則是成父之惡也。兄弟，天倫也。為子、受之父，為諸侯、受之君。已廢天倫而忘君父，以行小惠，曰小道也。若隱者，可謂輕千乘之國，蹈道則未也。 ……

大批竹簡書，此為其中一種，故名《竹書紀年》，又叫《汲冢紀年》。此書原有十三篇，是魏國的編年體史書，記事起自黃帝（一說起自夏、殷、周），至周幽王為犬戎所殺，即以晉事接之：三家分晉後，專述魏事，止於魏襄王二十年（公元前 299 年）。

書中若干史事可以糾正《史記》的謬誤，故當時受到一些學者的重視。但因部分記載與傳統經籍之說不合（如：益干啟位，啟殺之；太甲殺伊尹；文丁殺季歷等），受到另一些學者的貶斥，流傳不廣，大約在兩宋時期亡佚。其後有人雜採各書，編為二卷，即《今本竹書紀年》。清代朱右曾以其不可信，為追復古本，乃廣稽群籍所引之文，輯成《汲冢紀年存真》二卷。近人王國維加以補正，成《古本竹書紀年輯校》一卷，堪稱善善本，但還不免有編次不當及誤字缺文等現象，范祥雍再為此書作了補訂。輯本雖非原書，仍不失為研究古代史的重要資料。

二、《國語》：以記言為主的著作

《國語》相傳為春秋末年魯國史官左丘明所作，是中國最早的一部國別史。內容上起西周穆王征犬戎（約公元前 967 年），下迄趙、韓、魏滅智伯（公元前 453 年），記述了大約五百多年間周、魯、齊、晉、鄭、楚、吳、越八國史事，共二十一卷。所載主要是各國卿大夫有關政治的言論，也有一些記事。不過各國所佔的比重不盡相等，例如關於晉國的很多，關於鄭國的甚少。

由於《國語》和《左傳》都被認為是左丘明所作，兩書的語言風格也很接近，所以古人每每稱《左傳》為《春秋內傳》，而稱《國語》為《春秋外傳》。其實《國語》與《左傳》的區別，就是國別史和編年史的區別，詳略和重點自然各有不同。唐代以來，有些學者提出懷疑，認為《國語》只是左丘明選錄的列國史書原文，並非手撰；更有人認為今本《國語》已被人竄改，並非原來面目。無論如何，書中保存了許多珍貴的古代的史料(特別是春秋時期的)，可與《左傳》互相參證；而且，這種按國記述史事的體裁，對後世頗具影響，陳壽的《三國志》、常璩的《華陽國志》、崔鴻的《十六國春秋》、吳任臣的《十國春秋》，都是從《國語》的體例發展而來的。

三、《戰國策》：戰國史事和言論集

《戰國策》，作者不詳，原有《國策》、《國事》、《事語》、《短長》、《長書》、《修書》等名稱和本子，後經西漢劉向整理編定，始命名為《戰國策》。這是一部記載戰國時期史事和策士議論、權謀的匯集，今本有〈西周策〉、〈東周策〉、〈秦策〉、〈齊策〉、〈楚策〉、〈趙策〉、〈魏策〉、〈韓策〉、〈燕策〉、〈宋、衛策〉及〈中山策〉，共三十三篇，資料豐富，文詞優美，是研究戰國史的重要依據。但書中也有誇張和虛構之處，不盡與史實相符。其體例屬國別史，與《國語》相似，故後世每以兩書並稱。

東漢末年，高誘為《戰國策》作注，其後漸有散失，北宋曾鞏重新校定。南宋時出現了兩種本子：一是姚宏的續注本，即今流行的三十三卷高注本；一是鮑彪改定編次的新注本，雖便於讀者，但有不少謬誤。元代吳師道在新注本的基礎上再參用姚本，作《戰國策校注》糾正其失，為學者所推崇，成為一部較佳注本，即今所見的鮑、吳注十卷本。

鄒忌諷齊王納諫

鄒忌脩八尺有餘，身體昳麗。朝服衣冠窺鏡，謂其妻曰："我孰與城北徐公美？"其妻曰："君美甚，徐公何能及公也！"城北徐公，齊國之美麗者也。忌不自信，而復問其妾曰："吾孰與徐公美？"妾曰："徐公何能及君也！"旦日，客從外來，與坐談，問之客曰："吾與徐公孰美？"客曰："徐公不若君之美也！"

明日，徐公來。孰視之，自以為不如；窺鏡而自視，又弗如遠甚。暮，寢而思之曰："吾妻之美我者，私我也；妾之美我者，畏我也；客之美我者，欲有求於我也。"

於是入朝見威王曰："臣誠知不如徐公美，臣之妻私臣，臣之妾畏臣，臣之客欲有求於臣，皆以美於徐公。今齊地方千里，百二十城，宮婦左右，莫不私王；朝廷之臣，莫不畏王；四境之內，莫不有求於王。由此觀之，王之蔽甚矣！"王曰："善。"乃下令："羣臣吏民，能面刺寡人之過者，受上賞；上書諫寡人者，受中賞；能謗議於市朝，聞寡人之耳者，受下賞。"

令初下，羣臣進諫，門庭若市。數月之後，時時而間進。期年之後，雖欲言，無可進者。燕、趙、韓、魏聞之，皆朝於齊。此所謂戰勝於朝廷。

第三章　歷代正史："二十六史"內容概要

第一節　二十六史的編撰情況

"正史"原意是指最正規、最重要的史書，其名始見於梁、阮孝緒撰《正史削繁》，《隋書》〈經籍志〉史部以《史記》、《漢書》等紀傳體著作為正史，居於首位。唐代劉知幾著《史通》，認為《尚書》、《春秋》及以後的編年體、紀傳體史書都是正史。至《明史》〈藝文志〉，則以紀傳、編年二體並稱正史。清代乾隆年間編輯《四庫全書總目》，僅以紀傳體為正史，並詔定《史記》至《明史》二十四種為正史，自此正史遂成為二十四史所專有的名稱。

《史記》是中國第一部貫通古今的通史，《漢書》繼而創立斷代為書的體例，自此每代都有一部史書來總結一朝的史實，時代愈晚，書便愈多，所以就用數目字來統括諸史。最初有"三史"的名目，其後有"四史"、"十三史"、"十七史"、"二十一史"、"二十二史"和"二十四史"，延至近代，就出現了"二十五史"、"二十六史"的名稱。(表3)

表3 紀傳體史書總稱的演變

總稱	書名	撰著時代	備注
三史	1.《史記》 2.《漢書》 3.《後漢書》	西漢 東漢 南朝、宋	魏晉南北朝時"三史"指《史記》、《漢書》、《東觀漢記》，唐以後《東觀漢記》失傳，代以《後漢書》。
四史	4.《三國志》	西晉	亦稱"前四史"。
(唐代)十三史	5.《晉書》 6.《宋書》 7.《南齊書》 8.《梁書》 9.《陳書》 10.《魏書》 11.《北齊書》 12.《周書》 13.《隋書》	唐 梁 梁 唐 唐 北齊 唐 唐 唐	《宋書》、《南齊書》、《梁書》、《陳書》、《魏書》、《北齊書》、《周書》、《隋書》八部記載南北朝和隋朝的史書，習慣上稱為"八書"。 "十三史"或稱"十三代史"。
(宋代)十七史	14.《南史》 15.《北史》 16.《新唐書》 17.《新五代史》	唐 唐 北宋 北宋	
(明代)二十一史	18.《宋史》 19.《遼史》 20.《金史》 21.《元史》	元 元 元 明	
(清代)二十二史	22.《明史》	清	
(清代)二十四史	23.《舊唐書》 24.《舊五代史》	後晉 北宋	至今仍多沿用"二十四史"之稱。
(民國)二十五史	25.《新元史》	民國	1921年北洋政府下令列為"正史"。
(現代)二十六史	26.《清史稿》	民國	近年提出的說法，但也有人不表同意。

三史：魏晉南北朝時期稱《史記》、《漢書》、《東觀漢記》[1]為三史；唐以後《東觀漢記》失傳，以《後漢書》補上，與《史記》、《漢書》並稱"三史"。

四史：一般總稱《史記》、《漢書》、《後漢書》、《三國志》為"四史"。因在二十四史中列於前面，又稱為"前四史"。

十三史：唐代把《史記》、《漢書》、《後漢書》、《三國志》、《晉書》、《宋書》、《南齊書》、《梁書》、《陳書》、《魏書》、《北齊書》、《周書》、《隋書》稱為"十三代史"或"十三史"。

十七史：宋代在唐人所稱的十三史外，加上《南史》、《北史》、《新唐書》、《新五代史》，稱為"十七史"。

二十一史：明代在宋人所稱的十七史外，加上《宋史》、《遼史》、《金史》、《元史》，合稱"二十一史"。

二十二史：清代乾隆初年，官修《明史》告成，列於二十一史之後，合稱"二十二史"。

二十四史：清代乾隆時於二十二史之外，加入《舊唐書》及《舊五代史》，合稱"二十四史"。時至今日，仍多沿用此稱。總計三千二百二十九卷，記載了從傳說中的黃帝至明朝末年共四千多年的史事。過去較流行的版本，有清朝官刻武英殿本及民國時期商務印書館的百納本[2]；中華人民共和國成立後，對二十四史加以整理和標點，對研究者提供了很大方便亦易於閱讀。

二十五史：1921 年，北洋政府大總統徐世昌下令把柯劭忞所著的《新

1　《東觀漢記》是東漢官修的本朝紀傳體史書，東觀在洛陽宮殿中的南宮，藏書甚豐，是當時修史之處。

2　百納本二十四史，是集各史較早的刻本影印，原書刻誤多據殿本修改，但亦有誤改之處。

元史》列為"正史"，與舊有二十四史合稱"二十五史"。1935 年開明書店出版《二十五史人名索引》，翌年又編印《二十五史補編》[3]。

二十六史：近年才開始使用，是二十五史連同《清史稿》的合稱。也有學者認為，《清史稿》只是史稿，不應列入"正史"。

八書與二史：正史之中，有十部是記述南北朝史事的，《宋書》、《南齊書》、《梁書》、《陳書》、《魏書》、《北齊書》、《周書》、《隋書》，並為"八書"，《南史》、《北史》合稱"二史"。"八書"、"二史"之間，有着彼此聯繫而又錯綜互補的密切關係。

第二節　先秦兩漢三國史

一、《史記》：記黃帝至漢初歷史

西漢司馬遷（公元前 145 —前 87 年）撰。此書原稱《太史公書》，東漢以後始稱今名。內容記載自黃帝至漢武帝時期將近三千年的歷史，包括政治、軍事、經濟、文化、民族諸方面，是中國第一部紀傳體通史，共一百三十篇。

《史記》包括五部分：（一）本紀十二篇，記載歷代帝王世系與國家大事。（二）表十篇，記載帝王、諸侯、貴族、將相大臣的世系、爵位與

3　二十五史之中，表志全備的只有《史記》、《漢書》、《新唐書》、《宋史》、《遼史》、《金史》、《元史》、《新元史》、《明史》九部，全無表志的有《三國志》等七部。各書所載表志，錯誤缺漏的也頗不少，例如《史記》、《漢書》，都沒有兵制專篇。自宋代起，學者即進行增補，如錢文子《補漢兵志》之類；清代萬斯同撰《歷代史表》，其他學者或補作前史所缺，或就已有的表志加以校正和考釋，成書極多。上海開明書店搜集增補的表志及相關的考釋著作共二百四十種，匯集成書，題為《二十五史補編》六冊（1936 年），與二十五史相輔而行。

簡要政跡；分世表、年表、月表三種。（三）書八篇，分別記述天文、曆法、禮、樂、封禪、水利、經濟等制度和情況。（四）世家三十篇，主要記述西周、春秋、戰國時期諸侯國的世系及歷史，以及漢朝丞相、功臣、宗室、外戚的事跡；對於在歷史上有特殊文化地位的孔子和特殊政治地位的陳涉，也有專篇敘述。（五）列傳七十篇，佔全書最多篇幅，除記述社會各階層及各方面的重要歷史人物外，還記述了各少數民族及鄰國的歷史；最後〈太史公自序〉一篇記敘作者的家世生平，並說明本書的撰著經過和旨意等。

在全書各篇中，作者還發表了他對歷史事件和有關人物的評論，以"太史公曰"標明。本書文字優美，敘述生動，所創的紀傳體更為歷代撰史者所遵循取法。

二、《漢書》：記西漢歷史

東漢班固（公元 32 — 92 年）等撰。內容起自漢高帝元年（公元前 206 年），迄於王莽地皇四年（公元 23 年），記述了西漢一代二百三十年間的歷史。全書共一百篇，包括十二紀、八表、十志和七十列傳，後人析為一百二十卷。

《漢書》在體例上繼承《史記》而略有變更，如改"書"為"志"；取消"世家"；增〈刑法〉、〈五行〉、〈地理〉、〈藝文〉四志及〈百官公卿表〉、〈古今人表〉。書中記漢初至武帝中葉史事，雖沿用《史記》資料，但對史文頗有損益，並補充新材料，加〈惠帝紀〉、〈張騫傳〉、〈西域傳〉等。班固死時，八表及〈天文志〉尚未完成，漢和帝命班昭補作，又命馬續助撰〈天文志〉。

《漢書》開紀傳體斷代史的法式，成為後世修撰"正史"的準繩，影響深遠。惟文句深奧，不易通曉，即使當時的人也難完全了解；東漢著名學者馬融就曾受讀於班昭，後人更不斷為此書作注。

三、《後漢書》：記東漢歷史

南朝范曄（公元 398 — 445 年）撰。此書原只九十卷，包括紀十卷及傳八十卷，沒有志。南朝梁劉昭作注時，取西晉司馬彪《續漢書》中的志三十卷補上，北宋時合刊為一書，所以共有一百二十卷。

《後漢書》記載東漢一代由光武帝至獻帝一百九十五年的歷史。在此以前，用紀傳體編寫東漢事跡的史書已有多種，但范曄認為都不符理想，乃以東漢官修的《東觀漢記》為主要依據，參考眾家之長，撰成此書。他仿晉華嶠《後漢書》列〈皇后紀〉；又增〈黨錮〉、〈宦者〉、〈文苑〉、〈獨行〉、〈方術〉、〈逸民〉、〈列女〉、〈孝子〉諸傳；每篇之末，〈論〉後又附以〈贊〉。

《後漢書》問世後深受好評，為學者所重視。後因《東觀漢記》失傳，唐時以此書與《史記》、《漢書》並稱“三史”，其他有關東漢史的著作就逐漸湮沒了。

四、《三國志》：記三國歷史

西晉陳壽（公元 233 — 297 年）撰。此書記魏、蜀、吳三國史事，凡六十五卷，其中《魏志》三十卷，《蜀志》十五卷，《吳志》二十卷。雖屬紀傳體，但只有紀、傳而無表、志，是最大的缺點。書中以魏為正統，對魏君稱帝，對蜀、吳之君則稱主。在此之前，已有人分別撰成魏、吳二國史書，而合三國史事為一書，則自陳壽始。

《三國志》取材謹嚴，文筆簡淨，記事比較真實，大體上不採傳聞雜說，剪裁頗稱用心。但於敘述魏、晉交替之際，對司馬氏有所迴護，開後代修史的惡例。而且載述往往過於簡略，例如：（一）魏國的屯田制度，在《魏志》〈武帝紀〉及〈任峻傳〉兩處的記載僅五十四字；(二）著名哲學家王弼的事跡，附於《魏志》〈鍾會傳〉內，只二十三字；(三）著名科學技術家馬鈞，則未著一詞。不過全書成於陳壽一人之手，敘事得法，雖有以上的缺陷，仍不失為史學名著之一。

第三節　兩晉南北朝隋史

五、《晉書》：記兩晉十六國歷史

唐代房玄齡（公元 579 — 648 年）等奉太宗敕命修撰，參與其事而有姓名可查的共二十一人。由於唐太宗曾為〈宣宗〉、〈武帝〉二紀及〈陸機〉、〈王羲之〉二傳撰寫史論，所以又題"御撰"。

《晉書》記載西晉（公元 265 — 316 年）、東晉（公元 318 — 420 年）及十六國的歷史，包括本紀十卷、志二十卷、列傳七十卷、載記三十卷，共一百三十卷。編修時主要以臧榮緒《晉書》為藍本，初名《新晉書》以示區別，後臧書亡佚，遂稱《晉書》。修史體例由敬播等擬訂，但未流傳下來。

書中〈天文〉、〈律曆〉、〈五行〉三志，出自李淳風之手，最為可觀；令狐德棻等擅長文學，其紀、傳敘事皆爽潔老勁；又首創"載記"一體，敘述十六國事。但因修撰時沒有充分利用和考核當時尚存的各家晉史和晉代史料，又好採神怪小說入史，書成後曾受指責；此外還有記載舛訛、前後矛盾之處；又缺〈藝文志〉及史表。臧榮緒等有關晉代的諸家著述今已亡佚，此書對於研究晉代及十六國時期史事，具有重要的參考價值。

六、《宋書》：記南朝宋歷史

南朝梁沈約（公元 441 — 513 年）撰。此書記南朝宋（公元 420 — 479 年）一代事跡，由東晉安帝義熙元年(公元 405 年）劉裕當權之時起，至宋順帝昇明三年（公元 479 年）宋亡為止。計有本紀十卷、列傳六十卷、志三十卷，共一百卷。

《宋書》以資料繁富著稱，除記事外，還收載當時人的許多奏議、書札和文章。其中〈州郡志〉詳記南方地區自三國以來的地理沿革，及東晉以來僑置州郡的分布情況和各州郡戶口數；〈律曆志〉收錄〈景初曆〉、〈元嘉曆〉及〈大明曆〉全文；〈樂志〉收錄許多漢魏樂府詩篇，都能反映當時社會、政治、經濟、文化的面貌。但因作者歷仕宋、齊、梁三朝，對於改朝換代的政治現象多有曲飾不實之處；書中無〈食貨〉、〈藝文〉二志，又於〈五行志〉外特創〈符瑞志〉，強調帝王政權為天授，都是主要的缺點。

七、《南齊書》：記南朝齊歷史

南朝梁蕭子顯（公元 489 — 537 年）撰，記述南朝齊（公元 479 — 502 年）二十三年間的歷史。原名《齊書》，北宋時加“南”字，以別於唐代李百藥所撰的《北齊書》。《南齊書》原為六十卷，唐玄宗開元中佚去〈序錄〉一卷，今存五十九卷，計有紀八卷、志十一卷、傳四十卷。

蕭子顯為齊宗室，仕於梁朝而作齊史，故有虛美隱惡之處；〈五行志〉和〈祥瑞志〉宣揚封建迷信，多怪誕可笑之說；而州郡不著戶口，也是一大缺點。〈百官志〉一篇較好，簡要而有條理，能夠寫出前後變革的情況。後人只推許此書“文辭簡淨”。

八、《梁書》：記南朝梁歷史

唐代姚思廉（公元557—637年）撰。記南朝梁(公元502—557年)五十六年間大事，五十六卷，計本紀六卷、列傳五十卷。隋文帝開皇年間，詔前陳史官姚察修撰梁、陳二史，未成而卒；煬帝時其子姚思廉奉詔續修，旋因戰亂，亦未成書；後於唐貞觀初年再受詔續修，由魏徵監領其事，與《陳書》同時告成。

《梁書》多存梁朝國史舊文，敘事詳備，行文簡練，是南朝各史中較好的一部。特別可以重視之處有三：（一）史學家裴子野、蕭子顯、吳均的生平事跡，記述詳審；(二)〈儒林傳〉保存范縝〈神滅論〉、〈無因果論〉，最為珍貴；(三)〈諸夷傳〉記述南海諸國的歷史、風俗、物產，及與梁、陳在經濟、文化方面的交往關係，亦很有價值。

九、《陳書》：記南朝陳歷史

唐代姚思廉撰。記南朝陳（公元557—589年）三十三年間大事，三十六卷，計本紀六卷、列傳三十卷。此書《梁書》同時修撰，作者除利用其父姚察舊稿外，並採錄了陳"國史"等資料。

由於姚察是陳的吏部尚書，所以書中常為當政者迴護；記事比較簡單，又多皇族事跡，對當時的經濟、文化狀況反映得很少。當然，陳朝本身無所建樹，是先天的因素。本紀和〈皇后傳〉的論贊出於魏徵之手，但其論述與姚氏父子不盡相合，也可以說是一個缺點。總的來說，此書在內容方面，與《梁書》相去甚遠；文字則極精練，一洗六朝蕪冗之習。

十、《魏書》：記北魏（包括東魏）歷史

北齊魏收（公元510—572年）撰。此書記述北魏（包括東魏）史事，起於魏道武帝登國元年（公元368年），至孝靜帝武定八年（公元550

年），凡一百八十三年。計有本紀十四卷、列傳九十六卷、志二十卷，共一百三十卷。書成之後，由於多人責其敘事不實，孝昭帝及後主時兩次命魏收改寫，始成定本。

《魏書》雖被指為"穢史"，但也有很多可取之處，不能全面加以否定。它在資料和內容方面都不貧弱，尤以敘述拓跋部及各族人民的活動、北方門閥制度等處為詳。並獨創兩志：（一）〈官氏志〉，除詳記官制、階品外，還列舉拓跋部和所屬部落的姓氏及孝文帝所改漢姓，是研究姓氏的重要資料；（二）〈釋老志〉，敘述佛教、道教在北方流傳的情況及寺院經濟的發展，是研究宗教史的重要資料。此外〈食貨志〉記載了均田制度及北方的經濟情形，也有很高的史料價值。

《魏書》在唐、宋之際已有二十九卷殘缺不全，後人取他書補上，宋代劉恕、范祖禹等人為之校訂，補缺諸卷，也作了疏。

十一、《北齊書》：主要記北齊歷史

唐代李百藥（公元 565 — 648 年）撰。原名《齊書》，宋時加"北"字，以別於蕭子顯的《南齊書》。李百藥之父李德林，在北齊時曾預修齊史，創紀、傳二十七卷；隋朝開皇初年又奉詔續撰，增至三十八卷。唐太宗貞觀年間，命李百藥據其父舊稿續修，以十年告成。

北齊自高洋稱帝起計，立國只二十七年（公元 550 — 577 年）；本書內容，則從高歡當權開始，記述了東魏以來大約八十年間的史事。計有帝紀八卷、列傳四十二卷，共五十卷。大致仿《後漢書》體例，卷後各繫論贊，亦無表志。書中摻有很多當時的白話文，是一個特點。原書在北宋以後散佚頗多，後人取《北史》等書補足，因而間有前後文不聯貫及記事詳略不等的毛病。今本保存原著約十七卷。

十二、《周書》：主要記北周歷史

唐代令狐德棻（公元 583 — 666 年）等撰。五十卷，包括本紀八卷、列傳四十二卷。北周立國只有二十六年（公元 557 — 581 年），此書並記宇文覺稱帝前數十年史實；而於北周史事之外，兼述東魏、北齊和南朝梁、陳的情況，使天下形勢一目了然，並可補他書的不足。例如：（一）本紀記敘南北諸政權變易的局面，較《北史》條理清晰；（二）梁武帝孫蕭詧與梁元帝結怨，逃到北方投降於魏，在江陵建立後梁，傳三世，《梁書》不為立傳，此書特立〈蕭詧傳〉，並附錄其臣僚二十六人事跡，保存了一代史實。

此外，趙貴等人的合傳之後，總敘有關兵制的八柱國、十二將軍的情況，從中可以看到唐代府兵制的來源；列傳中的類傳標題只有〈皇后〉、〈儒林〉、〈孝義〉、〈藝術〉、〈異域〉五目，頗為簡明，也是可取之處。不過敘事失實及編次不當，還是不能避免的。原書傳至北宋經已殘缺，宋仁宗時林希、王安國取《北史》等書補綴而成今本。

十三、《隋書》：主要記隋代歷史

唐朝魏徵（公元 580 — 643 年）等撰。貞觀年間詔修隋書，以魏徵為監修，顏師古、孔穎達、許敬宗等參與其事，成五十五卷（帝紀五卷、列傳五十卷），均為紀傳。由於序、論都是魏徵所作，故題魏徵撰。

唐初梁、陳、周、齊、隋五代歷史同時修撰，而各朝制度又多有承襲及相同之處，因此諸書都沒有志，另詔于志寧、李淳風、韋安仁、李延壽等修《五代史志》。書成，計分十目，共三十卷，由監修長孫無忌奏上，故題長孫無忌撰。當時梁、陳各書已成單行本，遂併入《隋書》中，習慣上稱為"隋志"。所以《隋書》實際上是由紀傳和志兩個部分組合而成的，共有八十五卷。

《隋書》紀傳部分記載了隋文帝開皇元年（公元 581 年）至恭帝義寧二年（公元 618 年）三十八年間的史事。作者每以隋亡為鑑，所以詳載當政者殘暴荒淫及民間反抗的事實，敘事及論贊比較突出人事對國家興亡的關係；列傳中保存了很多珍貴資料，如〈萬寶常傳〉記錄〈樂譜〉凡六十四種，〈張胄玄傳〉記載精密的天文推算，〈臨孝恭傳〉記載〈欹器圖〉及〈地動銅儀經〉，〈流求傳〉及〈陳稜傳〉記載台灣居民的社會組織、經濟生活及與大陸聯繫的狀況等。十志內容歷敘五朝的典章制度，而詳於隋代；其中〈經籍志〉創立經、史、子、集四部分類法，以後長久成為書籍分類的標準。

十四、《南史》：記南朝歷史

唐代李延壽撰。記述南朝宋、齊、梁、陳四個朝代總共一百七十年的歷史，計有本紀十卷、列傳七十卷，共八十卷。隋時已有多種關於南北朝的史書，但因南北分隔，各史都只詳於本國，記事也往往失實。李延壽的父親李大師，仿《吳越春秋》用編年體修撰南北朝史，未完稿而卒；李延壽改用紀傳體續修，終於寫成《南史》和《北史》。這兩種史書的修撰，適應了隋唐時代全國統一、民族融合的歷史發展趨勢。

《南史》大體是刪補南朝各書而成，其中《宋書》刪削較大，《梁書》則增補較多。敘事簡潔易讀，與南朝各書相較，亦少迴這之處；尤為可貴的，是保存了一些今已亡佚的筆記、雜錄資料。但因過於以刪削遷移為務，很多地方處理不當，例如刪去梁朝范縝關於神滅的辯論記載，增補一些怪誕不經的材料等。列傳以家族為中心，一姓一族不分朝代，匯為一篇，有如大姓家譜。

十五、《北史》：記北朝歷史

唐代李延壽撰。記述北朝北魏（包括東魏、西魏）、北齊、北周及隋的歷史，凡二百三十多年，計本紀十二卷、列傳八十八卷，共為一百卷。

《北史》大體是刪補《魏書》、《北齊書》、《周書》、《隋書》而成，魏刪多補少，齊、周增補較多，隋則略有刪節。刪削的多是各書中的詔誥、奏議；增補的主要是西魏三個帝紀及若干列傳，但也有許多怪誕不經的材料。與《南史》一樣，列傳以家族為中心，通貫諸代，集為一篇，有如大姓家譜。有人認為南、北二史是"通史"的體例，其實仍是斷代為書，本紀、列傳各按朝代劃分，只不過合在一起而已。

第四節　唐五代史

十六、《舊唐書》：記唐代歷史

五代後晉劉昫（公元 888 — 947 年）等撰。實際修此書的是趙瑩、張昭遠、賈緯、趙熙等人，因成書時由宰相劉昫進呈，故題劉昫撰。初稱《唐書》，其後為區別於歐陽修、宋祁等所修的《唐書》，始加"舊"字。內容記載唐代二百九十年間（公元 618 — 907 年）的歷史，共二百卷，包括本紀二十卷、志三十卷、列傳一百五十卷。

《舊唐書》中有關唐代前期的部分，主要根據諸朝實錄及史館所記國史，書法、文字幾無改易，敘事詳明，但編輯粗疏，瑕疵甚多；而且照抄實錄，國史原文，未作訂正，為本朝迴護之處，亦往往因襲未改。

至於有關唐代後期的記載，大抵由史官搜集材料寫成，但因文獻缺乏，史料雜亂，以致繁簡不均，不及前期完整。例如：（一）本紀敘事過於冗雜，甚至連詩話、書序、婚狀、獄詞都具備；有些列傳則僅存仕履，事跡極少。(二)〈曆志〉、〈經籍志〉，敘事只及高宗時期；〈禮儀志〉引用奏疏，缺乏剪裁；〈地理志〉根據天寶十一年(公元 752 年)疆域區劃，已不妥貼，州縣遷革增損又每與前史重複。

總的來說，《舊唐書》是現存最早的系統記載唐代歷史的一部史籍，雖然較為粗糙，但保有大量原始史料之功，實不可沒，這是《新唐書》所不能代替的。自《新唐書》問世後，《舊唐書》流傳漸少。明代中葉，聞人詮搜得兩種宋代殘本，互相補輯，於嘉靖十七年(公元 1538 年)重刻，《舊唐書》始得重新流傳。

十七、《新唐書》：記唐代歷史

北宋歐陽修(公元1007—1072年)、宋祁(公元996—1061年)等撰。歐陽修是宋代古文運動的領袖，列為"唐宋八大家"，早歲已有志於史學，因不滿意薛居正的《五代史》，以十幾年時間撰成《五代史記》，世稱《新五代史》。其時《唐書》頗受譏議，宋仁宗下令重修，歐陽修撰本紀、志、表，宋祁專撰列傳，至嘉祐五年（公元 1060 年）完成，世稱《新唐書》。歐陽修在史學上的另一貢獻，是編寫《集古錄》，為中國現存最早研究石刻文字的專書，至此學術界才正式有"金石學"的出現。

《新唐書》二百二十五卷，計本紀十卷、志五十卷、表十五卷、列傳一百五十卷，與《舊唐書》比較，有很大的不同：

第一、本紀方面，削減了大量史實。唐代二十一個帝王中，只有高祖、太宗、高宗三紀為專紀，其餘都是合紀，篇幅只有《舊唐書》的三分之一，記載的內容也不盡一致。本紀敘事過於簡略，其實是《新唐書》的一個缺點。

第二、志的方面，比《舊唐書》強，例如：〈兵志〉、〈選舉志〉綜述唐代軍事制度的變革，和學校科舉、官吏詮選的規定；〈地理志〉著錄全國軍府、屯防軍鎮、水利和中外水陸交通道里等，內容縝密贍博，超過以前的史志；〈五行志〉只記自然災害現象而不附會人事，在寫法上是重大改革。

第三、表的方面，為《舊唐書》所無。〈宰相〉、〈方鎮〉、〈宰相世系〉、〈宗室世系〉四表提示了唐代宰相參錯進退、宗室世族升降隆替和藩鎮勢力消長離合的線索。

第四、列傳方面，除改變《舊唐書》一些標題外，還刪去六十一傳，新增三百一十傳，共增兩千多條史事；所採用的家傳、碑誌、小說又都經過審慎選擇，不錄讖緯怪誕虛美之事。

《新唐書》聲稱"其事則增於前，其文則省於舊"，確是一個特點。但也因為追求文字簡潔，勾消了很多重要史實，亦有繁簡失當及考核未周之處。其實《舊唐書》與《新唐書》互有長短，是不可偏廢的。清代學者沈炳震以十餘年時間，編成《新舊唐書合鈔》[4]。(表 4)

表 4《舊唐書》與《新唐書》的比較

《舊唐書》	《新唐書》
本紀……20 卷	本紀……10 卷
志……30 卷	志……50 卷
	表……15 卷
列傳……150 卷	列傳……150 卷
合計：200 卷	合計：225 卷

4　《新舊唐書合鈔》二百六十卷，將《舊唐書》、《新唐書》合鈔為一。紀傳多以舊書為主，取新書分注於下。宣宗以下諸紀，因舊書所載簡略，則多從新書增入。各志之中，如曆、天文、五行、地理、兵、儀衛等，以新書為主；樂、職官、輿服、經籍、刑法等，以舊書為主；禮、選舉、食貨等，則兼採新舊二書。另增〈方鎮表〉，並訂正〈宰相表〉的訛誤，其他表則有所刪節。

十八、《舊五代史》:記五代歷史

宋薛居正（公元912—981年）奉敕撰，盧多遜、扈蒙等同修。此書原名《梁唐晉漢周書》，總稱《五代史》；後世為區別於歐陽修所撰的《新五代史》，加上“舊”字。此書記載後梁至後周五十三年間（公元907—960年）的歷史，原與《新五代史》並行，其後逐漸湮沒。現行本是清代乾隆四十年（公元1775年）四庫館臣從《永樂大典》中輯出，再以《冊府元龜》、《太平御覽》等書補闕。

《舊五代史》按照五代斷代為書，包括〈梁書〉二十四卷、〈唐書〉五十卷、〈晉書〉二十四卷、〈漢書〉十一卷、〈周書〉二十二卷，另有〈世襲列傳〉二卷、〈僭偽列傳〉三卷、〈外國列傳〉二卷、〈志〉十二卷，計共一百五十卷。此書材料蕪雜，文字煩冗，觀點不統一，每為學者所譏；但保存了較多原始資料，且首創〈選舉志〉，而而其他九志亦皆有裨文獻。

十九、《新五代史》:記五代歷史

宋歐陽修撰。此書原名《五代史記》，又名《五代新史》，將五代綜合在一起，計本紀十二卷、列傳四十五卷、考三卷、世家十卷、世家年譜一卷、四夷附錄三卷，共七十四卷。

《舊五代史》多據實錄，此書則兼採小說筆記。〈職方考〉每行分六格，橫列即成表，合志、表為一，清楚表達出五代十國疆域交錯的情況；〈司天考〉只著錄自然災害，而不附會人事；〈十國世家〉和〈十國世家年譜〉記載當時各割據國家的史實和興亡；〈四夷附錄〉則綜述契丹、奚、吐谷渾、韃靼等族的歷史。

歐陽修自稱取《春秋》遺旨，表現了“尊王攘夷”的觀點，正名分，寓褒貶，頗有維護當政者利益的用心。又斥《舊五代史》“煩猥”而力求簡潔，結果很多史實略而不書，記載不及舊史詳細，在保存史料方面也較遜色。(表5)

表 5《舊五代史》與《新五代史》的比較

《舊五代史》	《新五代史》
梁書……24 卷	本紀……12 卷
唐書……50 卷	列傳……45 卷
晉書……24 卷	考……3 卷
漢書……11 卷	世家……10 卷
周書……22 卷	世家年譜……1 卷
世襲列傳……2 卷	四夷附錄……3 卷
僭偽列傳……3 卷	
外國列傳……2 卷	
志……12 卷	
合計：150 卷	合計：74 卷

第五節　宋遼金元史

二十、《宋史》：記兩宋歷史

元朝脫脫（公元 1314 — 1355 年）等撰。此書記北宋及南宋三百二十年間的歷史，上起建隆元年（公元 960 年），下迄祥興二年（公元 1279 年）。共有四百九十六卷，包括本紀四十七卷、志一百六十二卷、表三十二卷、列傳二百五十五卷。

元世祖忽必烈曾詔修遼、金、宋三史，因對體例主張不同，長期未能成書。元順帝時決定各為一史，命丞相脫脫為都總裁，鐵木爾塔識、賀惟一、張起巖、歐陽玄等為總裁官，三史又各有纂修多人。先成《遼史》，《金史》次之；《宋史》雖最後成書，為時亦僅二年半，且篇幅之多，為二十五史之冠。

《宋史》的內容特色大略如下：（一）諸志分量極大，佔全書三分之一。大體尚能提綱挈領，眉目清楚，其中〈地理〉、〈職官〉、〈食貨〉、

〈兵〉等志較佳，〈藝文志〉最差，重複、遺漏較多。(二) 表以〈宰輔表〉較好，〈宗室世系表〉篇幅多而用處少。(三) 列傳所記達兩千多人，並於〈儒林傳〉外增〈道學傳〉，記周敦頤等理學家。

整體來説，全書用道學觀點作為論人議事的是非標準，因而常有不符史實的記載。而且記事詳於北宋，略於南宋，理宗、度宗以後尤缺。此外還有一人兩傳、有目無文、互相矛盾等缺點。

二十一、《遼史》：記遼代歷史

元朝脱脱等撰。一百十六卷，計本紀三十卷、志三十二卷、表八卷、列傳四十五卷、國語解一卷。記遼代（公元 916 — 1125 年）二百多年史事，兼及遼建國前的契丹族以及遼末耶律大石所建西遼的歷史。主要根據遼耶律儼《皇朝實錄》和金陳大任《遼史》，兼採遼人的行狀、家傳、墓誌、碑刻等。

本書由於材料來源缺乏，記述頗為簡略；為要按照體例湊成篇章，常有同一資料分別用於數處的情形。表中材料尤見重複，例如〈營衛志〉已載部族，〈部族表〉又載之。更因修撰時間不滿一年，史料未及融貫，缺謬之處甚多。

二十二、《金史》：記金朝歷史

元朝脱脱等撰。記金朝（公元 1115 — 1234 年）史事，由金太祖阿骨打到金亡為止，約一百二十年。共有一百三十五卷，計本紀十九卷、志三十九卷、表四卷、列傳七十三卷。修撰時間僅年餘，時脱脱已罷相，由繼任的阿魯圖奏上。

此書取材主要為《金實錄》、劉祁《歸潛志》及元好問《壬辰雜編》等。首尾完密，條例整齊，向來被評為簡要，在元修三史之中，無論材料或編制都較完備，更遠勝於《遼史》。

本書與其他各史不同之處，是在本紀之前增〈世紀〉一卷，記女真族先世酋長被追封帝號者；本紀後又列〈世紀補〉，記其本人原非統治全族的酋長，因子孫在金朝為帝而被追封者。

《金史》之中，志以〈禮〉、〈河渠〉、〈百官〉、〈食貨〉、〈選舉〉諸志較好，但無〈藝文志〉；〈交聘表〉列金朝與宋、西夏、高麗等國的關係，清楚而具價值。但金人常有一人二名的情形，入中原後又有漢名，此書編寫過於倉促，本紀、列傳內有很多人名的譯音都不劃一。

二十三、《元史》：記元朝歷史

明朝宋濂（公元 1310 — 1381 年）等撰。明太祖建國之初，即詔修元史，命李善長為監修，以宋濂、王禕為總裁，根據元十三朝實錄和《經世大典》，修成一百五十九卷；但因順帝一朝無實錄可據，未能完稿，乃命人至北平等地採集史料，然後重開史局，旋即告成。前後兩次纂修所用時間，實際不滿一年。

《元史》共二百一十卷，包括本紀四十七卷、志五十八卷、表八卷、列傳九十七卷。所述內容由元太祖稱成吉思汗（公元 1206 年）開始，至元順帝至正二十八年（公元 1368 年）北走為止，凡一百六十二年。志的部分較好，基本上能夠反映出當時的政治、經濟狀況，尤以〈天文〉、〈曆〉、〈地理〉、〈河渠〉四志所用材料最為珍貴；在〈百官〉、〈選舉〉、〈兵〉、〈刑法〉諸志中可以清楚看到蒙古貴族統治下民族壓迫的事實。列傳寫得最亂，錯誤、疏漏之處頗多，甚至出現一人兩傳的情形。

整體來說，由於修撰時間過早，成書又極倉促，不能廣泛搜集資料，連極重要的《元朝秘史》也未用上；材料運用不能融會貫通，往往沿用案牘原文，辭句又欠斟酌推敲。不過，書中保存了不少原始史料，例如志主要根據元代記載典章制度的《經世大典》修成，而該書已經散失，所以後世補正或重修元史的著作，在典章制度方面都不能超越舊史。

二十四、《新元史》：記元朝歷史

清末民初柯劭忞（公元 1850 — 1933 年）撰。全書共二百五十七卷，計本紀二十六卷、表七卷、志七十卷、列傳一百五十四卷。公元 1920 年初刊，次年北洋軍閥政府大總統徐世昌下令列為“正史”，其後開明書店收入《二十五史》之中。

柯氏曾為宣統帝侍講，辛亥後以遺老自居。留意元代史事多年，不滿《元史》疏漏訛誤，乃從《永樂大典》中析出元代史料，又搜集有關史著、金石、筆記、文集等，並利用若干西方史料及同時代人的研究成果，撰成此書。不但材料較《元史》豐富，編制也較得體，有很多地方勝過舊史。整體來說，本紀較簡，繁冗之處皆移入志中，所以志的部分較其他元史著作詳博，並增〈行省宰相年表〉。

但全書無自撰序跋、凡例、考異和引據出處，為論者所詬病。又因所參照西文譯書的譯音不盡可靠，故〈氏族表〉中有一人兩名之誤。而且，作者的史學觀點極為守舊，成書時清朝早已滅亡，竟署“賜進士出身日講起居注官翰林院侍讀國史院纂修柯劭忞撰”，論贊則稱“史臣曰”；書中主要內容及思想觀點仍與《元史》同出一轍，例如〈兵志〉刪除元代禁止漢人使用武器記載，認為元代已是“華夷大同”等等。

第六節　明清史

二十五、《明史》：記明朝歷史

清朝張廷玉（公元 1672 — 1755 年）等撰。全書共三百三十二卷，計本紀二十四卷、志七十五卷、表十三卷、列傳二百二十卷。記明代史事，起自洪武元年（公元 1368 年），迄於崇禎十七年（公元 1644 年）。

順治初年設館纂修明史，但因諸事草創，遷延未就；康熙時重開史館，又因修《清世祖實錄》而止；其後再次開館，萬斯同以"布衣"參與其事，用力最大；王鴻緒又在萬斯同手定的史稿基礎上，進行刪改進呈，後題名為《明史稿》[5]。雍正元年（公元 1723 年），張廷玉為總裁，以《明史稿》為藍本再加增刪，於乾隆四年（公元 1739 年）刊行。從第一次開館到最後定稿，前後歷九十餘年，是官修"正史"中歷時最久的一部，這主要是由於萬曆以後的明、清關係難於處理，而且當時尚有抗清活動，南明諸王的名位問題也難於下筆。

《明史》取材豐富，文字簡練，而且編纂得法，勝於宋、遼、金、元各史。下列數處較為獨特：（一）〈曆志〉增圖，為前史所無；（二）〈藝文志〉只記明代著述，亦不同於前史；（三）據明代政治特色，增加〈七卿表〉；（四）新增〈閹黨傳〉、〈流賊傳〉、〈土司傳〉等。列傳中多載奏疏原文，〈土司傳〉、〈外國傳〉、〈西域傳〉保存邊疆少數民族及外國的史料，都是很有價值的。不過，《明史》頗有一些為清朝迴護之處，例如清朝入

5　《明史稿》三百十卷，清王鴻緒撰，實出於萬斯同之手，是《明史》的底本。康熙十八年（1679 年）開局修撰《明史》，徐元文、徐乾學、王鴻緒等先後任總纂，以陳廷敬任本紀，張廷玉任志，王鴻緒任列傳，而聘萬斯同編修審定成稿。萬斯同以列朝實錄為指歸，搜求遺書，旁及郡志、邑乘和私家撰述，詳為考訂，前後十九年成書。王鴻緒以個人名義進呈列傳二百零五卷，後又進呈本紀十九卷、志七十七卷、表九卷，皆題"王鴻緒著"。

關以前事跡及南朝諸王史實，或則全不記載，或則語焉不詳；有關抗清英雄的記述，亦僅寥寥數語而已。

二十六、《清史稿》：記清朝歷史

近人趙爾巽主編，修於 1914 年至 1927 年間，修撰者包括繆荃蓀、夏孫桐、柯劭忞、張爾田等。共五百三十六卷，以正史體例記載清代史事，取材於清代國史館所存的歷朝實錄、起居注、方略、國史列傳等，以及部分檔案，資料尚稱完備，有一定參考價值。但因北洋軍閥政局不穩、經費不足等問題，工作時斷時續，此書是未定稿，倉猝付印，組織欠完善，內容錯漏頗多，體例又不統一，觀點亦有問題。撰者每以遺老自居，為清代皇帝歌功頌德，稱明末義師為"土賊"，指辛亥革命為"謀亂"。

《清史稿》有"關外本"和"關內本"之分，文字頗有出入，前者有張勳（附張彪）、康有為傳，為後者所無，文字也頗有異同。後東北又據"關外本"刪《時憲志》六卷，並增刪附傳數篇，成為五百二十九卷，加以重印，亦稱"關外本"或"關外二次本"。[6]1976 年北京中華書局出版的點校本，以關外二次本為底本，三本互異處均有附注，並錄出異文。

6 《清史稿》於 1928 年刊印一千一百部，付印時由遺老金梁任校刻之責，他私自加入張勳（附張彪）、康有為傳（原稿不收），又改動其他文字多處。但被發覺時已有四百部運往東北發行，稱為"關外本"或"關外一次本"；留存北京的七百部作了一些抽換，通稱"關內本"。日本侵佔東北時再版一次，金梁又有增刪，稱為"關外二次本"。

第四章　司馬遷與《史記》：第一部紀傳體通史

第一節　司馬遷生平與《史記》成書經過

《史記》一百三十篇，西漢司馬遷撰，是中國第一部有系統的通史，也是"紀傳體"史書的始祖和典範。此書初名《太史公書》，東漢末年以後改稱《史記》，[1] 沿用至今。

司馬遷，字子長，左馮翊夏陽（今陝西韓城縣）人。他的生卒年代，說法不一，大約生於漢景帝中元五年（公元前 145 年），卒於漢武帝後元二年（公元前 87 年）。[2] 他的一生，大部分活在漢武帝年間，亦即西漢的全盛時期，事跡詳見《史記》〈太史公自序〉及東漢班固《漢書》〈司馬遷傳〉等。

司馬遷出身於世代常為史官的家庭，他的父親司馬談，是一個學問淵博的人，在漢武帝初年任太史令（通稱太史公，職務是掌管圖書及天文曆算）。司馬遷在這有利的條件下，十歲就開始學習當時的古文，後來跟從

1　漢人所謂"史記"，是指一般的歷史書。司馬遷此書，或謂最初並無名稱，因古人著書不先自定書名是常有的事。陳直〈太史公書名考〉（載《文史哲》1956 年 6 月號）指出：司馬遷自定原名為《太史公書》，嗣後西漢諸儒多沿用此名，後來一變為《太史公記》，再變為《太史記》，三變而為《史記》；《史記》之名，始於東漢桓帝時。

2　關於司馬遷的生平，有兩種說法：一、唐人張守節《史記正義》所說的漢景帝中元五年（公元前 145 年）；二、唐人司馬貞《史記索隱》所說的漢武帝建元六年（公元前 135 年）。王國維《太史公行年考》、梁啟超《要籍解題及其讀法》等相信前者，郭沫若〈太史公行年考有問題〉（載《歷史研究》1955 年第 6 期）則贊成後者。一般多同意前一說。至於司馬遷的卒年，也有說是在漢昭帝始元元年（公元前 86 年）的。

名儒孔安國治《古文尚書》，又隨董仲舒習《公羊春秋》，早在青年時代便奠下了深厚的學問根基。他還立志遊覽天下名山大川，二十歲後外出旅行，走遍了東南和中原一帶的地區[3]親自採集了許多舊聞傳説，探訪了不少古跡，對於民情風情，也有深入的了解。這對於以後撰寫《史記》，是有很大幫助的。

司馬談曾搜集很多史料，計劃寫一部全面而詳盡的史書，但無法實現，死前命司馬遷完成這項工作。漢代的史官是世襲的，三年後，即元封三年（公元前 108 年），司馬遷繼任為太史令，得以飽覽宮中藏書處的秘要書籍，做了一些撰史的準備工夫。直到太初元年（公元前 104 年）四十二歲時，他參與改訂漢朝曆法的事務告成，制定了"太初曆"，便正式開始編寫史書。

可是，司馬遷後來受到一個意外的打擊。天漢二年（公元前 99 年），漢武帝對北方的匈奴用兵，以李廣利為將軍。又有李陵自告奮勇，請求領兵出擊，武帝給他五千步兵，結果李陵遇上單于率領的匈奴主力騎兵，寡不敵眾，大敗投降。司馬遷替李陵説了些辯白的話，武帝大怒，把他交給獄吏治罪。後來武帝聽説李陵在教匈奴練兵，更殺了李陵的妻子，並對司馬遷施以腐刑（宮刑）。司馬遷遭此變故，幾乎痛不欲生，但當想到自己還有未完成的願望時，便堅持活下去。

太始元年（公元前 96 年），司馬遷獲赦出獄，任中書令，一方面繼續他編史的工作，直到征和二年（公元前 91 年），才基本上完成了《史記》這一巨著。從整理史料到寫定成書，大概花了十五年的光景，此後還不斷加工和修補。總之，司馬遷自從任為太史令起，以至去世時止，除在獄中的三年外，都致力於《史記》的撰寫，可説是後半生的心血結晶。在他死

---

3 包括今日河北、河南、山東、安徽、江蘇、浙江、湖南、四川、雲南、甘肅等省。

後三十年左右，這部史書始由他的外孫楊惲傳佈出來。（表 6）

表 6 司馬遷撰寫《史記》的經過

年份	經過
公元前 108 年	任太史令，從事撰史的準備工夫。
公元前 104 年	參與制定的"太初曆"告成，開始編寫史書。
公元前 99 年	因為李陵投降匈奴事辯白而激怒漢武帝，下獄治罪。
公元前 96 年	獲赦出獄，任中書令。
公元前 91 年	基本上完成《史記》。

第二節　司馬遷撰寫《史記》的動機

照〈太史公自序〉所說，他撰寫《史記》的動機主要有三：

第一、是繼承父親的遺志。其父嚮往先人久絕的世業，重視孔子作《春秋》的偉大貢獻，有志於歷史的論述，但不能及身實現這個願望。復且漢武帝首次舉行漢朝的封禪典禮，到泰山上去祭祀天地，是古今曠見的大典，司馬談身為史官，竟不得參與其役，引為畢生憾事，至於發憤而卒，臨終時要司馬遷繼承他的志願。司馬遷答應了父親，此後即致力於撰寫史書。《史記》中列〈封禪書〉為八書之一，也可以說是稟承父志的一個表示。

第二、是慘遭酷刑的刺激。司馬遷經此侮辱，本欲了卻殘生，但以所著書草創未就，故受極刑而益自勉，並以古人的發憤自況。〈自序〉說："此人皆意有所鬱結，不得通其道也，故述往事，思來者。"

第三、是負起史家的責任。司馬遷能夠寫成這部劃時代的巨著，自有其遠大的抱負和責任感，〈自序〉中曾表明以繼孔子為心志，又說："且余嘗掌其官，廢明聖盛德不載，滅功臣世家賢大夫之業不述，墮先人所言，罪莫大焉。”也正如他在〈報任安書〉所說：“凡百三十篇，亦欲以究天人之際，通古今之變，成一家之言。”這幾句話，充分表達了司馬遷寫《史記》時的目的要求。

第三節　《史記》的內容和體例

《史記》內容，上起黃帝，下至漢武帝時止，[4]包括了二千六百餘年間的史事。全書一百三十篇（亦稱一百三十卷），共五十二萬六千五百字。分為“本紀”、“表”、“書”、“世家”和“列傳”五類：

（一）本紀——十二篇，以帝王世系為中心，概括敘述歷代大事，形式近於編年體，但較為簡略，有如全書的總綱。本紀有兩種，年代遠的以朝代為主，如〈夏本紀〉、〈殷本紀〉、〈周本紀〉；年代近的以帝王為主，如〈秦始皇本紀〉、〈項羽本紀〉、〈高帝本紀〉等。

（二）表——十篇，是把重要的史事和人物按年代、地區用表格形式譜列出來。主要是年表，如〈十二諸侯年表〉、〈六國年表〉等；此外，夏、商、周三代年次不明，故只按世系列為〈三代世表〉；秦楚之際，政治變化急劇而複雜，所以採用逐月記事方式，而成〈秦楚之際月表〉。

（三）書——八篇，分類記載典章制度，包括政治、經濟、文化以至天文、地理等各方面的有關問題。如〈天官書〉記天文，〈曆書〉記曆法，

4　〈太史公自序〉說：“余述歷黃帝以來至太初而訖，百三十篇。”漢武帝西狩獲麟，改為元狩元年，即公元前 122 年；太初元年即公元前 104 年。《漢書》說“訖於天漢”（公元前 100 年），其實都相距不遠。司馬遷卒於漢武帝末年，死前仍對《史記》有所增刪和修改，所以《史記》敘事的歷史時間，大體上是包括了漢武帝時代的。

〈河渠書〉記錄天下主要河流和水利工程，〈平準書〉主要敘述漢初經濟情況。

（四）世家——三十篇，記錄周代各主要封國諸侯的興衰和漢初諸侯王的事跡；地位相當於諸侯的人，也列為世家，如〈孔子世家〉、〈陳涉世家〉、〈蕭相國世家〉等。

（五）列傳——七十篇，篇幅最多，載錄重要人物的生平，有個人的獨傳，有時代相同或行事相關的二人或數人的合傳，也有按人物性質而列為一類的類傳或特殊事業傳，如〈遊俠列傳〉、〈滑稽列傳〉；此外還有國內少數民族傳、屬國傳、外國傳。最後〈太史公自序〉一篇，記述司馬遷自己的身世和撰書目的、寫作經過，及全書的篇目、內容等。（表 7）

表 7《史記》內容概略

類別	篇數	內容	篇目舉例
（1）本紀	12	以帝王世系為中心，敘述歷代大事。	以朝代為主：〈夏本紀〉等； 以帝王為主：〈秦始皇本紀〉等。
（2）表	10	用表格形式按年代、地區譜列主要史事和人物。	世表：〈三代世表〉； 年表：〈十二諸侯年表〉等； 月表：〈秦楚之際月表〉。
（3）書	8	分類記載典章制度，包括政治、經濟、文化等各方面。	〈禮書〉、〈樂書〉、〈封禪書〉、〈河渠書〉、〈平準書〉等。
（4）世家	30	記載周代及漢初主要封國諸侯的事跡，地位相當於諸侯的也列入。	〈吳太伯世家〉、〈孔子世家〉、〈陳涉世家〉、〈蕭相國世家〉等。
（5）列傳	70	載錄重要人物的生平。	〈伯夷列傳〉、〈老子韓非列傳〉、〈刺客列傳〉、〈朝鮮列傳〉、〈滑稽列傳〉等。

這種分類記載歷史的體裁，稱為“紀傳體”。上述五類之中，分別具有三種不同的性質，即以時間為綱的本紀、表，以事類為綱的書，和以人

物為綱的世家、列傳。換一個角度說，主要組成部分的世家和列傳，連同本紀都是傳的性質，只是所述人物的社會地位不同而已，故此紀傳體實際上是以人物傳記為中心的一種寫史形式。雖則各自獨立成篇，但又互有關聯，全書可以合成一個整體。它既能扼要列舉歷史發展的大概，又可詳細記述有關的史事；既便於考見個別人物活動情況，而又顧及典章制度的沿革。這是《史記》的一大特色，也是紀傳體的優點。

不過，今日所見的《史記》，有些篇章錯落不全，可能全書並未經過司馬遷最後定稿，也有部分是由於後世傳寫脱漏所致。後人做了不少續補工作，所以書中有多處敘述武帝末期以後的事情。補得最多的是生於司馬遷稍後的褚少孫，此外有名字可考的不下十餘人。[5] 中國古書中有這個情況的很多，不獨《史記》如此。幸好司馬遷原著的精神和面貌，基本上還沒有受到損壞。另有一些學者則為《史記》作注，最重要的有三家，[6] 今本都附在《史記》正文之下。

第四節 《史記》的材料來源

《史記》所採用的材料，隨着時代的遠近而有不同，整體來說是十分

5 《漢書》〈藝文志〉說《史記》缺十篇，但未舉篇目。三國（魏）張晏《漢書注》："遷沒之後，亡〈景紀〉、〈武紀〉、〈禮書〉、〈樂書〉、〈兵書〉〔按即〈律書〉〕、〈漢興以來將相年表〉、〈日者傳〉、〈三王世家〉、〈龜策列傳〉、〈傅靳列傳〉。元、成之間，褚先生〔少孫〕補缺，作〈武帝紀〉、〈三王世家〉、〈龜策〉、〈日者傳〉，言辭鄙陋，非遷本意也。"張晏所言必有所據，然亦不盡可靠。褚少孫所補的，大致以"褚先生曰"開頭，今本仍低一格，尚可辨認；其他人的續補文字，則往往混入正文之中，難以考究了。從今本《史記》所見，上述十篇並非完全佚失，錯亂部分也不限於這十篇。

6 南朝宋裴駰《史記集解》八十卷；唐代司馬貞《史記索隱》三十卷；唐代張守節《史記正義》三十卷。

豐富的。司馬談曾積聚和整理了不少史料，可能有些已撰寫成篇。司馬遷更花了很多搜集資料的工夫；但他對上古史事也仍免不少文獻不足之歎，所以春秋以前間有缺略，春秋戰國至秦代較為周全，漢朝建立以後的一百年間則最詳盡。材料的來源，可以概括為三個方面：

第一個來源是書籍和前代文獻。自經書以至諸子、騷賦等，幾於無所不採，還包括一些沒有整理成編的零散材料。在《史記》的不少篇章裏，對於參考過的書籍，都有清楚的說明，如《尚書》、《詩經》、《春秋》、《世本》、《戰國策》、《楚漢春秋》等三十種，沒有提及的相信為數更多。〈自序〉說："厥協六經異傳，整齊百家雜語。"意思就是要把六經異傳綜合起來，百家雜語的可信程度不一，便不得不有所批判和取捨了。

第二個來源是檔案材料。司馬談、司馬遷父子都做過太史令，可以看到漢初的檔案如詔令、記功冊等，而採用作為寫史的材料；從〈惠景間侯者年表〉所稱"太史公讀列封"、〈儒林列傳〉所稱"余讀功令"等處可知。

第三個來源是親身遊歷和見聞。司馬遷曾經登涉名山大川，訪求史跡，這與後來撰寫《史記》有密切的關係，例如到山東看孔廟之於〈孔子世家〉、過長城訪秦舊事之於〈蒙恬列傳〉等。年代較近的史事，在當時不可能都有記載，是必須依靠本身的見聞和交遊的，《史記》中也有不少這類的記載，如〈項羽本紀〉贊中說"吾聞之周生日"、〈酈生陸賈列傳〉中說"平君君子，與余善，是以得具論之"等等，在一定程度上增強了記事的內容。

第五節 《史記》的優點和缺點

一、《史記》的優點

要比較客觀地、全面地評價《史記》，首先應該逐一指出它的優點和缺點。《史記》的優點很多，主要有：

第一、材料豐富。司馬遷不但引用了大量當時流傳的書籍和文獻資料，還把自己數十年來採訪所得和耳聞目睹的一些事實，鎔鑄到他的著作裏去。而且，在組織材料時，力求嚴謹，注意選擇、剪裁、綜合及改寫等工夫，使文體一致，形式整齊。遇到沒法弄清楚的材料時，絕不武斷，用闕疑的方法，兼採眾說，以留待後人判別。換言之，司馬遷所抱的是一種審慎的、科學的態度。

第二、內容廣泛。《史記》除記錄了歷代大事及為重要人物立傳之外，也盡情地描繪了下層群眾的生活；其着眼處不限於統治階級，而亦及於社會各階層，例如〈遊俠〉、〈俳優〉、〈貨殖〉等傳，比較全面而深刻地反映出歷史的真相。此外，在敘述史事時，採取詳近略遠的原則，絕不糾纏於荒遠無稽之談，力求信實。

第三、體例獨特。《史記》開創了紀傳體的寫史方法，一百三十篇分成五類，條理井然；各篇既完整獨立，全書又脈絡相連。本紀與表是全書綱領，互為經緯，彼此照應；列傳佔大半篇幅，又是最難處理的部分，但也力求清楚分明，重要人物各為一傳，行事相類的合為總傳，也有標舉類目而為傳者，如〈刺客〉、〈儒林〉、〈循吏〉、〈酷吏〉等傳。敘事時還注意到避免重複，省節繁文。而且，《史記》篇末附有以"太史公曰"起頭的一段文字，略述作者對篇內某人某事的看法或附記有關的事情，即是說，把作者的意見分別開來，盡量保持史事敘述的客觀性。

第四、文筆生動。《史記》辭句優美，敘事活潑明瞭，寫人也栩栩如生，如〈項羽本紀〉、〈刺客列傳〉等均極精彩。又能夠運用當代通行的語言，把艱深的詞句改成淺近，方便時人閱讀，而又不失原意；又如列傳標題，也盡量採用當時世俗慣用的稱號。

第五、識見高明。司馬遷一心要達成史家應有的使命和理想，《史記》中很多地方都表現出他的眼光是卓越的，例如注意到不同階層人物的活動、少數民族和鄰國的史事等。他沒有不顧歷史真實而對帝王將相歌功頌德，往往不避權貴，在一定程度上揭露了政治的黑暗面，如〈封禪書〉描寫武帝惑於鬼神、勞民傷財的情形，〈平準書〉對興利的大臣痛加筆伐，〈酷吏傳〉刻劃刑法的殘暴，又敢於提出自己的主張等等，充分發揮了史家直筆的果毅精神。

二、《史記》的缺點

《史記》也存着一些缺點。司馬遷以一人之力寫成這部巨著，必然是有所疏略的。主要如書中有很多天道循環、五德終始的思想，常把古代科學知識和迷信思想混在一起，又採錄了缺乏事實基礎的傳說故事等。我們應當理解到，作者受了時代的局限，沒有看到某些問題的真相，實在無可避免。

內容上也有很多疏漏，如戰國初期的史料比較缺略；對一些重要人物沒有作出適當的處理，墨翟僅在〈孟子荀卿列傳〉中附記二十多字，便是一例；還有一些年代和史實的記載有錯誤，或前後矛盾。而在編次上，人物和少數民族的列傳相互間雜，也不免亂了一些。

另外有幾個問題，是後人常常議論不決的，例如：(一) 秦為諸侯，項羽未為天子，而均列於本紀；(二) 孔子未為諸侯；陳涉雖建號張楚，半年即失敗而死，二人卻列於世家；(三) 淮南、衡山二王皆為諸侯數十年，卻入於列傳。有些學者認為這是“為例不純”、“自亂其例”，其實《史記》著重實際情況多於名分，例如：

（一）秦雖為諸侯，但在昭王晚年已有支配天下的地位，所以列入本紀；項羽政權在當時以至歷史發展上都有一定的重要性，故與漢高祖相提並論。

（二）陳涉起義和孔子言行對後世的意義極大，列入世家，雖不同於政治上的世襲，也寓有繼承之意。

（三）相反的，淮南、衡山二王於後世並無重大影響，因此不入世家。

近人認為"從重實輕名的原則看，這樣安排還是有意義的。"[7] 甚至說"這正是司馬遷有特識、有眼光之處。"[8]

第六節　《史記》在史學上的地位

史家評論《史記》，蓋始於劉向、揚雄，《漢書》〈司馬遷傳〉說二人"皆稱遷有良史之才，服其善序事理，辨而不華，質而不俚，其文直，其事核，不虛美，不隱惡，故謂之實錄。"這種看法幾乎成為《史記》的定評，但也不免有些貶詞，如謂書中"甚多疏略，或有抵牾"；班固也說"其是非頗謬於聖人，論大道則先黃老而後六經"；有人甚至認為《史記》是一部"謗書"。唐代劉知幾《史通》責求之苛，更是纖細不遺，如謂項羽不應列為本紀，〈項羽〉、〈高帝〉二紀不應以"語在項傳"或"事具高紀"方式，使一事分載數篇等等；然而劉氏對《史記》中史志、史表之創制，卻推崇備至。簡單地說，二千年來史家對《史記》的卓越成就大體是予以肯

7　王樹民《史部要籍解題》，頁 33。
8　張舜徽《中國古代史籍舉要》，頁 65。

定的，至於司馬遷的立場和書中一些具體的問題，便有所爭論了。

《史記》在中國史學方面的貢獻，主要有以下幾點：

第一、開創了重要的史書體裁。用紀傳體形式編寫史書，成為中國史學的一個傳統，後世的"正史"都是沿襲《史記》體例的，雖然名目上稍有變化，實質上卻總沒有脫離《史記》的架構。不只在中國，就是東亞各國的"正史"，如《大日本史》、《高麗史》、《大越史記》，都是受《史記》影響的。

第二、記載了西漢中期以前的歷史。《史記》對於漢初一百年間的史事，有詳盡的敘述，是研究這段歷史的系統性著作；對於遠古的歷史，也有扼要的交代，而且可靠程度很高，例如殷墟甲骨發現後，《史記》所述商代帝王均得到證實。

第三、敘述了國內各族和鄰國的歷史。如〈東越〉、〈西南夷〉、〈匈奴〉、〈朝鮮〉、〈大宛〉等傳，都以簡明扼要的筆法記述了各國的源流和史事概況，成為研究亞洲古代歷史極重要的資料。

第四、保存了古代一些重要的歷史文獻。如〈李斯傳〉、〈秦始皇本紀〉錄入秦統一前後李斯的幾次上書以及〈焚書令〉等，使這些古代文獻的原文得以保留下來。

此外，由於《史記》的文學成就很高，後世推為古代散文的典範之一，在文學史上亦享盛譽。

總括來說，《史記》是中國古代第一部大書，是體系地記錄古代歷史的偉大著作，從內容、史料以至體例、文字，評價都甚高，在中國文化史上佔有重要的席位，也有深遠的影響。

沛公軍霸上，未得與項羽相見。沛公左司馬曹無傷使人言於項羽曰："沛公欲王關中，使子嬰為相，珍寶盡有之。"項羽大怒，曰："旦日饗士卒，為擊破沛公軍！"當是時，項羽兵四十萬，在新豐鴻門，沛公兵十萬，在霸上。范增說項羽曰："沛公居山東時，貪於財貨，好美姬。今入關，財物無所取，婦女無所幸，此其志不在小。吾令人望其氣，皆為龍虎，成五采，此天子氣也。急擊勿失。"

楚左尹項伯者，項羽季父也，素善留侯張良。張良是時從沛公，項伯乃夜馳之沛公軍，私見張良，具告以事，欲呼張良與俱去。曰："毋從俱死也。"張良曰："臣為韓王送沛公，沛公今事有急，亡去不義，不可不語。"良乃入，具告沛公。沛公大驚，曰："為之柰何？"張良曰："誰為大王為此計者？"曰："鯫生說我曰'距關，毋內諸侯，秦地可盡王也。'故聽之。"良曰："料大王士卒足以當項王乎？"沛公默然，曰："固不如也，且為之柰何？"張良曰："請往謂項伯，言沛公不敢背項王也。"沛公曰："君安與項伯有故？"張良曰："秦時與臣遊，項伯殺人，臣活之。今事有急，故幸來告良。"沛公曰："孰與君少長？"良曰："長於臣。"沛公曰："君為我呼入，吾得兄事之。"張良出，要項伯。項伯即入見沛公。沛公奉卮酒為壽，約為婚姻，曰："吾入關，秋毫不敢有所近，籍吏民，封府庫，而待將軍。所以遣將守關者，備他盜之出入與非常也。日夜望將軍至，豈敢反乎！願伯具言臣之不敢倍德也。"項伯許諾。謂沛公曰："旦日不可不蚤自來謝項王。"沛公曰："諾。"於是項伯復夜去，至軍中，具以沛公言報項王。因言曰："沛公不先破關中，公豈敢入乎？今人有大功而擊之，不義也，不如因善遇之。"項王許諾。

沛公旦日從百餘騎來見項王，至鴻門，謝曰："臣與將軍戮力而攻秦，將軍戰河北，臣戰河南，然不自意能先入關破秦，得復見將軍於此。今者有小人之言，令將軍與臣有郤。"項王曰："此沛公左司馬曹無傷言之；不然，籍何以至此。"項王即日因留沛公與飲。項王、項伯東嚮坐，亞父南嚮坐。亞父者，范增也。沛公北嚮坐，張良西嚮侍。范增數目項王，舉所佩玉玦以示之者三，項王默然不應。范增起，出召項莊，謂曰："君王為人不忍，若入前為壽，壽畢，請以劍舞，因擊沛公於坐，殺之。不者，若屬皆且為所虜。"莊則入為壽。壽畢，曰："君王與沛公飲，軍中無以為樂，請以劍舞。"項王曰："諾。"項莊拔劍起舞，項伯亦拔劍起舞，常以身翼蔽沛公，莊不得擊。於是張良至軍門，見樊噲。樊噲曰："今日之事何如？"良曰："甚急。今者項莊拔劍舞，其意常在沛公也。"噲曰："此迫矣，臣請入，與之同命。"噲即帶劍擁盾入軍門。交戟之衛士欲止不內，樊噲側其盾以撞，衛士仆地，噲遂入，披帷西嚮立，瞋目視項王，頭髮上指，目眥盡裂。項王按劍而跽曰："客何為者？"張良曰："沛公之參乘樊噲者也。"項王曰："壯士，賜之卮酒。"則與斗卮酒。噲拜謝，起，立而飲之。項王曰："賜之彘肩。"則與一生彘肩。樊噲覆其盾於地，加彘肩上，拔劍切而啗之。項王曰："壯士，能復飲乎？"樊噲曰："臣死且不避，卮酒安足辭！夫秦王有虎狼之心，殺人如不能舉，刑人如恐不勝，天下皆叛之。懷王與諸將約曰'先破秦入咸陽者王之'。今沛公先破秦入咸陽，毫毛不敢有所近，封閉宮室，還軍霸上，以待大王來。故遣將守關者，備他盜出入與非常也。勞苦而功高如此，未有封侯之賞，而聽細說，欲誅有功之人。此亡秦之續耳，竊為大王不取也 。"項王未有以應，曰："坐。"樊噲從良坐。坐須臾，沛公起如廁，因招樊噲出。

沛公已出，項王使都尉陳平召沛公。沛公曰："今者出，未辭也，為之柰何？"樊噲曰："大行不顧細謹，大禮不辭小讓。如今人方為刀俎，我為魚肉，何辭為。"於是遂去。乃令張良留謝。良問曰："大王來何操？"曰："我持白璧一雙，欲獻項王，玉斗一雙，欲與亞父，會其怒，不敢獻。公為我獻之。"張良曰："謹諾。"當是時，項王軍在鴻門下，沛公軍在霸上，相去四十里。沛公則置車騎，脫身獨騎，與樊噲、夏侯嬰、靳彊、紀信等四人持劍盾步走，從酈山下，道芷陽間行。沛公謂張良曰："從此道至吾軍，不過二十里耳。度我至軍中，公乃入。"沛公已去，間至軍中，張良入謝，曰："沛公不勝桮杓，不能辭。謹使臣良奉白璧一雙，再拜獻大王足下；玉斗一雙，再拜奉大將軍足下。"項王曰："沛公安在？"良曰："聞大王有意督過之，脫身獨去，已至軍矣。"項王則受璧，置之坐上。亞父受玉斗，置之地，拔劍撞而破之，曰：“唉！豎子不足與謀。奪項王天下者，必沛公也，吾屬今為之虜矣。”沛公至軍，立誅殺曹無傷。

第五章　班固與《漢書》：第一部紀傳體斷代史

第一節　班固生平與《漢書》成書經過

《漢書》又稱《前漢書》，[1] 一百篇（一百二十卷），東漢班固作，是繼司馬遷《史記》之後的史學巨著，也是中國第一部“紀傳斷代史”；後世每以“史、漢”或“遷、固”、“班、馬”並稱。

《漢書》並非成於一手，而班固則是最主要的作者。班固，字孟堅，扶風安陵（今陝西咸陽縣）人，生於光武帝建武八年（公元 32 年），卒於和帝永元四年（公元 92 年）。他的父親班彪（公元 3 — 54 年），字叔皮，是個很有學問的人，有感於司馬遷的《史記》只寫到漢武帝時止，乃決心續寫西漢一代史事，作《後傳》百餘篇，[2] 但尚未完成便死了。班固從十六歲起，至父親去世時止，在太學讀書達八年之久，對諸子百家的學說進行了廣泛的探討。在家居喪期間，以其父所續前史未詳，乃潛精研思，於永平元年（公元 58 年）二十七歲時，開始了繼承父業的編撰工作。但永平五年（公元 62 年），有人上書朝廷，告他私自改作國史，明帝下令扶風郡把他逮捕，繫於獄中。其弟班超到京上書訴冤，說出班固著述原委，

1　《漢書》的名稱是班固自訂的，見《漢書》〈敘傳〉；後世有人加一“前”字，以與《後漢書》相對。

2　《後傳》篇數，各書記載不一，王充《論衡》〈超奇篇〉：“班叔皮續《太史公書》百篇以上。”《後漢書》〈班彪傳〉：“作《後傳》數十篇。”劉知幾《史通》〈古今正史篇〉：“作《後傳》六十五篇。”王充是班彪的學生，當有所本，今從《論衡》。

而地方官也把班固的書稿送到京師。明帝知道班固志在宣揚漢德，甚為賞識，任命他為蘭臺令史。蘭臺是漢代宮內藏書的地方，設令史六人，掌管圖籍，校定文書。次年，明帝命他把未完成的《漢書》繼續寫下去，從此班固便集中精力，“以著述為業”，直至章帝建初七年（公元 82 年），才基本上完成這部史書，前後歷時二十五年。[3]

和帝永元元年（公元 89 年），班固被任為中護軍（參謀一類的軍官），隨外戚竇憲出征匈奴。竇憲大破北匈奴，聲名更盛。永元四年（公元 92 年），和帝與宦官定計，乘竇憲班師回朝之際，捕殺其黨羽，並收繳其大將軍印綬。竇憲失勢自殺，宗族賓客一律免官。班固與竇憲有密切關係，又曾得罪洛陽令，旋亦被捕，死於獄中，終年六十一歲。由於《漢書》中的八表和〈天文志〉並未完稿，和帝知道班固的妹妹班昭也很有才學，命她續作，完成了八表，後來又命馬續補作〈天文志〉。《漢書》經過班彪、班固、班昭、馬續四人之手，終於成為一部完整的著作。

班昭（約公元 49 —約 120 年），字惠班，又名姬，因其夫為曹世叔，故人稱“曹大家”（家同姑），是中國第一位出色的女史學家。由於《漢書》中多古字古義，不易讀懂，和帝詔使扶風人馬融跟隨班昭研讀《漢書》，後來馬融成了著名的學者。馬續是馬融的哥哥，字季則，博觀群籍，善《九章算術》。（表 8）

3　關於班固完成《漢書》年代的推算，參閱安作璋《班固與漢書》，頁 27。

表 8《漢書》作者及成書概況

作者	完成工作
班彪	作《後傳》百餘篇。
班固	公元 58 年，開始繼承父親的編史工作； 公元 82 年，基本上完成了《漢書》。
班昭	續作八表。
馬續	補作〈天文志〉。

第二節　《漢書》的內容和體例

《漢書》記述西漢一代的歷史，上起漢高祖元年（公元前 206 年），下至王莽地皇四年（公元 23 年），凡二百三十年，與《史記》貫通古今的記事方式不同，開創了斷代成書的先例，以後的“正史”均屬此體，所以成為紀傳體斷代史的典範。

《漢書》體例，基本上承襲《史記》，分為“紀”、“表”、“志”、“列傳”四類，共一百篇（後人把篇幅長的分為上、下卷或上、中、下卷，成為一百二十卷），總計約八十一萬字。

（一）紀——十二篇，是從漢高祖到平帝的編年大事記，寫法與《史記》略同，但不稱“本紀”，而且項羽、王莽都歸於列傳中。

（二）表——八篇，前六篇分別譜列王侯世系，〈百官公卿表〉記錄秦漢官制演變和漢代公卿的任免，〈古今人表〉則是對漢代以前歷史人物的評價。

（三）志——十篇，即〈律曆〉、〈禮樂〉、〈刑法〉、〈食貨〉、〈郊祀〉、〈天文〉、〈五行〉、〈地理〉、〈溝洫〉、〈藝文〉，敘述古代到漢代的政治、經濟制度和文化史。多用《史記》“八書”舊例，但因以《漢書》為名，故改稱“志”。

（四）列傳——七十篇，主要是西漢人物的傳記，《漢書》沒有“世家”一目，因而把《史記》中歸於世家的人物都納入列傳中；另〈匈奴傳〉、〈西南夷、兩粵、朝鮮傳〉、〈西域傳〉等記載漢代邊疆各少數民族及部分鄰國的歷史；最後並有〈敘傳〉。（表 9）

表 9《漢書》內容概略

類別	篇數	內容	篇目舉例
(1) 紀	12	從漢高祖到平帝的編年大事記。	〈高帝紀〉、〈武帝紀〉、〈平帝紀〉等。
(2) 表	8	譜列西漢王侯世系，並記秦漢公卿任免等。	〈異姓諸侯王表〉、〈諸侯王表〉、〈百官公卿表〉、〈古今人表〉等。
(3) 志	10	敘述古代至漢代的政治、經濟制度和文化史。	〈刑法志〉、〈食貨志〉、〈地理志〉、〈藝文志〉等。
(4) 列傳	70	主要是西漢人物的傳記，並記邊疆民族及鄰國歷史。	〈賈誼傳〉、〈董仲舒傳〉、〈匈奴傳〉、〈西域傳〉等。

這四個組成部分的形式儘管不同，但通過它們之間的互相聯繫、互相補充，就形成一部完整的西漢歷史。班固在撰寫此書時，不僅有司馬遷的《史記》和班彪的《後傳》等史籍為基礎，而且可以充分參考宮中藏書，運用許多重要的文獻資料，內容方面是很豐富的。大體上説，武帝以前的記載，多是增刪《史記》原文；武帝以後的史事，則為新纂，而裏面又採用了他父親的遺稿，《漢書》若干篇中有“班彪曰”的字句，[4] 足為明證。

4　例如第七十三篇〈韋賢傳〉、第八十四篇〈翟方進傳〉、第九十八篇〈元后傳〉。

第三節　《漢書》的貢獻和影響

《漢書》著成之後，頗為統治階層所重視，史稱“當世甚重其書，學者莫不諷誦焉。”[5]《漢書》雖然是基於《史記》的體例並利用《史記》很多現成材料寫成的，但亦有優於《史記》的地方。它在中國史學上的貢獻和影響，主要有以下幾點：

第一，是開創斷代為書的風氣。《漢書》改善了《史記》所開創的紀傳體，以記載一個朝代為主，為以後的正史所依循。二十五史中，除《史記》外，均屬此體，可見《漢書》影響之大。

第二，是確立史著的“書志體”。《漢書》十志規模宏大，記事豐富，對於政治、經濟和思想文化都有較詳細的記載，特別是有關漢代的部分更為詳細。書志體創於《史記》八書，《漢書》加以發展，後代正史的志，大抵以《漢書》十志為依歸。

第三，是擴大歷史研究的領域。《漢書》十志中，〈食貨志〉為經濟制度和社會生產發展狀況提供了豐富的史料；〈溝洫志〉系統地敘述了秦漢水利建設；〈地理志〉是中國第一部以疆域政區為主體的地理著作，開創了後代正史地理志及地理學史的研究；〈禮樂〉、〈郊祀〉、〈刑法〉三志記載政治、軍事、法律和有關的典章制度；〈藝文志〉論述古代學術思想的源流派別及是非得失，不僅是目錄學的開端，而且是一部極可珍貴的古代文化史資料；〈五行〉、〈天文〉和〈律曆〉三志，都是研究古代自然科學的寶貴資料。

第四，是保存珍貴的史料。《漢書》的列傳收入了所傳人物的著述，有的是關於當時政治、經濟的策論，例如〈賈誼傳〉收入賈誼的〈治安

5　《後漢書》〈班固傳〉。

策〉、〈晁錯傳〉收入晁錯的〈言兵事書〉等，此外還收了很多抒情、記事、議論的文章，對於研究當時的社會情況和個人思想，都是非常有用的史料。

第五，是記載少數民族的歷史。《漢書》繼承了《史記》為少數民族專門立傳的優良傳統，運用新的史料，把《史記》〈大宛傳〉擴充為〈西域傳〉，敘述了西域幾十個地區和鄰國的歷史以及漢朝與西域各地交流的情況；又將《史記》的匈奴等列傳加以補充，增補了大量漢武帝以後的史實。這些記載，也是研究亞洲有關各國歷史的珍貴資料。

此外，《漢書》在文學上也佔有重要的地位。班固是繼司馬遷之後把歷史和文學結合起來的一個傳記作家，《漢書》列傳雖然沒有《史記》那樣生動活潑，但也能運用藝術手法，作深刻細緻的描寫，作為史傳文學，是有很多可取之處的。而且，班固以辭賦名家，不免多用文人辭藻，《漢書》的文字已開了六朝駢儷之風。

第四節　後世對《漢書》的批評

後世對《漢書》的批評，主要有兩點：

第一、《漢書》中從高祖到武帝的敘述，多半襲用《史記》原文，後人對此頗有微言，認為不能自成一家。其實兩書有同有異，足以並行不悖，例如《史記》在〈高祖本紀〉之後，繼以〈呂后本紀〉；《漢書》於〈呂后紀〉之前，補〈惠帝紀〉。列傳中不同之處更多，可見《漢書》自有其權衡取捨，亦很注意文字的剪裁鎔鑄。

第二、《漢書》雖然斷代為史，但其表、志多有涉及兩漢以前的，不盡以兩漢為斷限，尤其是〈古今人表〉，只記古人，而無漢人，因而引起後人懷疑，認為自亂其例。其實班固用意，除敘述兩漢史事外，亦有部分是為補《史記》的不足而作的，例如《漢書》十志便是在《史記》八書的基礎上發展而成，衡以斷代，固失體例，而貫串史實，則有功勞。

當然，《漢書》也有它的弱點。首先是作者從維護東漢統治的立場出發，根據董仲舒天命論的觀點，極力宣傳五德循環、王權神授、天人感應等理論。特別是〈五行志〉，把春秋以來迷信荒謬的事連篇累牘記載下來，開後世五行符瑞等志的惡例。

還有，《漢書》喜用古字、古詞，也給讀者造成了一些困難。早在東漢末年，服虔、應劭已為《漢書》作注，唐代又出現顏師古的注本。清人王先謙集前人研究成果，作《漢書補注》，頗便參考；近人楊樹達著《漢書補注補正》及《漢書窺管》，對王氏之書有所補充。

第五節　《史記》與《漢書》的比較

一、作者撰史的異同

司馬遷與班固二人撰史，其事頗多相似：（一）二人俱繼父志，承父未竟之業，卒成其書。（二）二人均為史官，司馬遷為太史公，班固為蘭臺令史。（三）二人皆得利用政府藏書作為史料，司馬遷抽石室金匱之書，盡讀內府所藏秘要書籍；班固為校書郎，得觀東漢藏書。（四）二人皆遭冤獄，遷受腐刑，固死獄中。（五）二人均能文能賦，兼擅史學與文學。（六）二人之書均有待後人續補，司馬遷書有部分篇章錯落不全，班固書亦未全部完成。

不過，《史記》成於一人之手，《漢書》則除班固外，尚有班昭及馬續補作，而且班固撰史時，有父親班彪的《後傳》可據，漢初至武帝時史事又多仍用《史記》原文。

二、內容與體例的比較

第一、從內容言，二書有兩處不同：（一）《史記》為通史，上起黃帝，下迄漢武帝時止，包括二千六百餘年間的史事；《漢書》為斷代史，只記西漢一代二百三十年間的歷史。（二）《史記》之旨在繼《春秋》，在此之前尚無完整的史書，自不得不為通史體，以貫通古今；《漢書》上承《史記》，為免大量重複，不得不為斷代體，實因需要不同所致。

第二、從體例言，《史記》創為紀傳體，分"本紀"、"表"、"書"、"世家"、"列傳"五類；《漢書》大體依照《史記》的成規，而稍有更易，如改"書"為"志"，"世家"一律改為"列傳"。

第三、從編排言，《史記》有其獨特之處，如尊項羽於本紀，列孔子、陳涉於世家，貨殖、遊俠、刺客均有列傳，又合孟、荀、賈誼為一傳；《漢書》方面，〈古今人表〉、〈藝文志〉、〈地理志〉均屬初創之體。（表 10）

表 10《史記》與《漢書》體例的比較

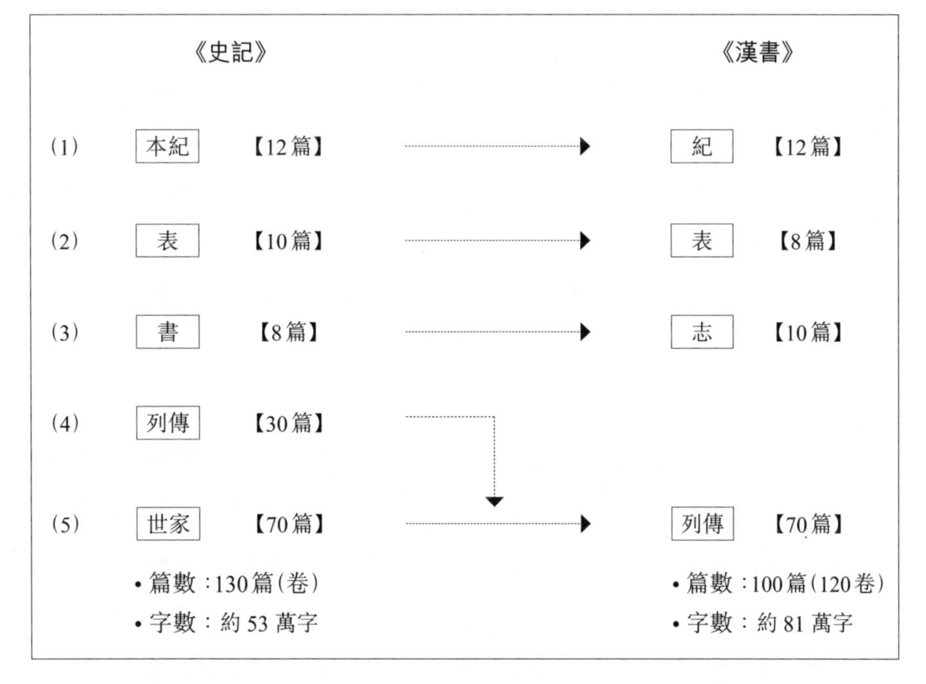

三、性質和觀點的比較

第一、從性質言，《史記》為司馬遷受刑後發憤完成的私家著作，有意概括社會全體的發展，而且言論不受限制，間有偏激之處，對於漢武帝亦有微詞；《漢書》則為官書，稍偏於維護朝廷的立場，間有為當政者粉飾之處，亦甚少慷慨激昂之論。

第二、從觀點言，《史記》雖推崇儒家，但同時受道家自然主義的影響，對殘民以虐政的統治者表示憎惡，而寄同情於社會下層民眾，又重視從物質條件分析事物的觀點；《漢書》則以儒家思想為主導，又從正統觀念出發，主張用道德修養來約束人民，而較少關心民眾的生活。

第三、從文字言，《史記》工於文，以五十三萬字敘二千餘年事，其詞簡而淺；《漢書》密於體，以八十萬字敘二百餘年事，其文繁而深。

班固

《書》曰："詩言志，歌詠言。"故哀樂之心感，而歌詠之聲發。誦其言謂之詩，詠其聲謂之歌。故古有采詩之官，王者所以觀風俗，知得失，自考正也。孔子純取周詩，上采殷，下取魯，凡三百五篇，遭秦而全者，以其諷誦，不獨在竹帛故也。漢興，魯申公為《詩》訓故，而齊轅固、燕韓生皆為之傳。或取春秋，采雜說，咸非其本義。與不得已，魯最為近之。三家皆列於學官。又有毛公之學，自謂子夏所傳，而河間獻王好之，未得立。

……

傳曰："不歌而誦謂之賦，登高能賦可以為大夫。"言感物造耑，材知深美，可與圖事，故可以為列大夫也。古者諸侯卿大夫交接鄰國，以微言相感，當揖讓之時，必稱《詩》以諭其志，蓋以別賢不肖而觀盛衰焉。故孔子曰"不學《詩》，無以言"也。春秋之後，周道寖壞，聘問歌詠不行於列國，學《詩》之士逸在布衣，而賢人失志之賦作矣。大儒孫卿及楚臣屈原離讒憂國，皆作賦以風，咸有惻隱古詩之義。其後宋玉、唐勒，漢興枚乘、司馬相如，下及揚子雲，競為侈麗閎衍之詞，沒其風諭之義。是以揚子悔之，曰："詩人之賦麗以則，辭人之賦麗以淫。如孔氏之門人用賦也，則賈誼登堂，相如入室矣，如其不用何！"自孝武立樂府而采歌謠，於是有代趙之謳，秦楚之風，皆感於哀樂，緣事而發，亦可以觀風俗，知薄厚云。序詩賦為五種。

……

《易》曰："上古結繩以治，後世聖人易之以書契，百官以治，萬民以察，蓋取諸〈夬〉。""夬，揚於王庭"，言其宣揚於王者朝廷，其用最大也。古者八歲入小學，故《周官》保氏掌養國子，教之六書，謂象形、象事、象意、象聲、轉注、假借，造字之本也。漢興，蕭何草律，亦著其法，曰："太史試學童，能諷書九千字以上，乃得為史。又以六體試之，課最者以為尚書御史史書令史。吏民上書，字或不正，輒舉劾。”六體者，古文、奇字、篆書、隸書、繆篆、蟲書，皆所以通知古今文字，摹印章，書幡信也。古制，書必同文，不知則闕，問諸故老，至於衰世，是非無正，人用其私。故孔子曰：“吾猶及史之闕文也，今亡矣夫！”蓋傷其寖不正。《史籀篇》者，周時史官教學童書也，與孔氏壁中古文異體。《蒼頡》七章者，秦丞相李斯所作也；《爰歷》六章者，車府令趙高所作也；《博學》七章者，太史令胡母敬所作也：文字多取《史籀篇》，而篆體復頗異，所謂秦篆者也。是時始造隸書矣，起於官獄多事，苟趨省易，施之於徒隸也。漢書，閭里書師合《蒼頡》、《爰歷》、《博學》三篇，斷六十字以為一章，凡五十五章，并為《蒼頡篇》。武帝時司馬相如作《凡將篇》，無復字。元帝時黃門令史遊作《急就篇》，成帝時將作大匠李長作《元尚篇》，皆《蒼頡》中正字也。《凡將》則頗有出矣。至元始中，徵天下通小學者以百數，各令記字於庭中。揚雄取其有用者以作《訓纂篇》，順續《蒼頡》，又易《蒼頡》中重復之字，凡八十九章。臣復續揚雄作十三章，凡一百二章，無復字，六藝羣書所載略備矣。《蒼頡》多古字，俗師失其讀，宣帝時徵齊人能正讀者，張敞從受之，傳至外孫之子杜林，為作訓故，并列焉。

第六章　西晉時期：陳壽與《三國志》

第一節　陳壽生平和《三國志》成書經過

《三國志》，西晉陳壽撰，是記載三國鼎立時期比較完整的史書，有紀、傳而無志、表，全書成於一人之手，文筆簡潔，敘事有法，歷來評價頗高。

陳壽，字承祚，巴西安漢（今四川南充縣）人。生於劉後主建興十一年（公元 233 年），卒於晉惠帝元康七年（公元 297 年），年六十五。幼時受學於同郡史學家譙周（約公元 201 — 270 年），蜀漢時做過官，但因不肯曲意依附專權的宦者黃皓，屢被遣黜。入晉以後，張華佩服他有學問，薦為佐著作郎，奉詔整理故蜀丞相諸葛亮的事跡和著作，於泰始十年（公元 274 年）編成《諸葛亮集》二十四篇，因此升為著作郎，這時正值四十一歲。此後從事於魏、蜀、吳三國史料的搜集，撰成《三國志》。[1] 張華想推薦他為中書郎，但為荀勖所忌，出為長廣太守，辭而未就。後來杜預推薦他做治書御史，不久又被人攻擊免職。除《三國志》外，尚著有《益部耆舊傳》和《古國志》。

《三國志》的成書年代，迄無定論，根據有關記載推算，此書的編寫

1　或謂陳壽開始整理三國史事，著《三國志》，是在晉武帝太康元年（公元 280 年）滅吳以後。

大約用了不下十年的時間。[2] 此書脱稿後，頗受時人推重，稱讚他善於敘事，有良史之才。相傳當時夏侯湛著有《魏書》，見《三國志》後自愧不如，把自己的書稿毀掉。陳壽死後，晉惠帝下詔給河南尹、洛陽令，派人到陳壽家裏抄錄了一部，藏於官府。於是《三國志》就由私家著述，變為政府承認的史書。有關陳壽生平及撰寫《三國志》經過，詳見《晉書》〈陳壽傳〉。

第二節　《三國志》的內容和材料來源

《三國志》由三個部分組成，即《魏書》三十卷，《蜀書》十五卷，《吳書》二十卷，合計六十五卷。原本各自為書，到北宋雕板才合而為一，改稱《三國志》。記事上起漢獻帝建安二十五年，即魏文帝黃初元年（公元 220 年），下迄西晉滅吳之年，即吳末帝天紀四年（公元 280 年），包括魏、蜀、吳三國鼎立時期六十年的歷史。體例屬紀傳體的分國史，又無表、志，在斷代史中，別創一格。

《魏書》前四卷稱紀，對魏的君主稱“帝”；[3]《蜀書》、《吳書》有傳無紀，對蜀、吳君主只稱“主”，敘入傳中，但寫法與帝紀相同，按年敘事，在客觀上反映了蜀、吳和魏居於同等地位的歷史真實情況。

在《三國志》成書前，魏、吳兩國已先有史，官修的有王沈的《魏書》、韋昭的《吳書》，私撰的有魚豢的《魏略》。這三種書是陳壽所依據的主要材料。至於蜀國的史料，即全靠陳壽自己搜集採訪。儘管陳壽是蜀

2　由於陳壽的〈敘錄〉一卷已佚，很難確實地推算出編著《三國志》的時間。根據《晉書》和《華陽國志》〈陳壽傳〉的記載，書成之後，張華要再次推薦他，但為荀勖排斥。按荀勖死於太康十年（公元 289 年），所以陳壽寫《三國志》，若從公元 280 年起計，大約用了十年時間；若從公元 274 年起計，則有十五、六年。

3　南宋以後，學者遵用朱熹以蜀為正統的主張，刪去魏帝稱“紀”的名目。今本魏還留有“帝”稱，而蜀與吳只稱“主”，就是刪改未盡的痕跡。

人，注意蜀的史事，但所掌握的史料，始終不及魏、吳的官史那樣豐富。加上魏在三國中疆域較大，人口較多，生產情況和學術文化也較可觀，因此《三國志》中以《魏書》的材料及篇幅最多，《吳書》次之，《蜀書》的內容分量最少，僅有《魏書》的三分之一。（表 11）

表 11《三國志》內容概略

組成部分	卷數	篇目舉例
(1)《魏書》	30	〈武帝紀〉、〈文帝紀〉等四卷；〈后妃傳〉、〈董卓、袁紹、袁術、劉表傳〉等。
(2)《蜀書》	15	〈二牧傳〉、〈先主傳〉、〈後主傳〉、〈二主妃子王子傳〉、〈諸葛亮傳〉等。
(3)《吳書》	20	〈孫堅、孫策傳〉、〈吳主傳〉、〈三嗣主傳〉、〈妃嬪傳〉、〈宗室傳〉等。

第三節 《三國志》的評價

《三國志》與《史記》、《漢書》等相比，內容不算豐富，但由於有關三國時期歷史的記載流傳很少，所以不失為研究三國史的一部重要史籍；事實上，《三國志》是超越了其他有關魏、蜀、吳史事的撰著的。南朝梁的文學批評家劉勰在《文心雕龍》〈史傳篇〉中說：

> 及魏代三雄，記傳互出。〔孫盛〕《〔晉〕陽秋》、《魏略》之風，〔虞溥〕《江表〔傳〕》、〔張勃〕《吳錄》之類，或激抗難征，或疏闊寡要，唯陳壽《三國志》，文質辯洽，荀〔勖〕、張〔華〕比之遷、固，非妄譽也。

可以代表一般人的意見。具體來説，《三國志》的優點和價值，表現於下列幾項：

首先，在選材和組織方面，《三國志》比前史更為精密，全書前後貫串，事不重複。如見於《魏書》，則《吳書》、《蜀書》不重出；見於《吳書》、《蜀書》的，也是一樣。因此前後矛盾之處，書中亦很少見。

其次，在保存史料方面，如《魏書》〈張魯傳〉和《蜀書》〈劉焉傳〉保存了五斗米道的原始材料，《魏書》〈華佗傳〉存錄了古代醫學的輝煌事跡，《魏書》〈張燕傳〉保存了黃巾起事後張牛角繼續鬥爭的史實。《魏書》〈東夷傳〉保存了一些有關日本的最古記載。這些材料，都具有很高的參考價值。

此外，《三國志》紀、傳後面不用論贊，而稱"評曰"，議論頗有見地，大抵是正確可取的。文筆簡潔，敘事扼要，亦是其長處，所以《三國志》在文學方面也有很高的地位。但過於簡略，則是其缺點，例如魏的屯田制度是一代大事，在《魏書》〈武帝紀〉及〈任峻傳〉兩處記載，寥寥數十字；魏晉南北朝時期盛行的九品中正制，《魏書》〈陳群傳〉中只有一句提及；著名哲學家王弼的事跡，附於《魏書》〈鍾會傳〉；不過二十三字；而著名的科學技術家馬鈞，則未著一詞。

《三國志》經常被後人批評的有兩點：

第一、是以魏為正統。關於這個問題，《四庫全書總目提要》有相當明白的解釋：

> 壽則身為晉武之臣，而晉武承魏之統，偽魏是偽晉矣，其能行於當代哉！此猶宋太祖篡立近於魏，而北漢、南唐迹近於蜀，故北宋諸儒皆有所避而不偽魏；高宗以後，偏安江左，近於蜀，而中原魏地全入於金，故南宋諸儒乃紛紛起而帝蜀。此皆當論其

世，未可以一格繩也。

所謂“正統”觀念，實因時因地而異，這種是非的爭論，意義是不大的。

第二、是書中時有曲筆。尤其是對魏和魏、晉改朝換代的史實，多有隱諱；如司馬師廢齊王芳，《魏書》不敢明言，說是太后的命令，其實太后並不知其事。陳壽運用迴護的筆法，為西晉統治者隱惡揚善，歪曲了一些歷史真象，確是很大的缺點。

至於說陳壽索米不遂而不為丁儀兄弟立傳，及因父受刑而貶抑諸葛亮的兩種傳說，都是不可靠的。[4]

第四節 《三國志》裴松之注

由於陳壽寫《三國志》時，有關三國時期的史料還比較缺乏，加以陳壽的文筆過於簡潔，許多事實需要注解說明，故在陳壽死後一百三十餘年（公元 429 年），南朝宋文帝命裴松之為《三國志》作注。

裴松之（公元372—451年），字世期，河東聞喜（今山西聞喜縣）人，曾任國子博士、永嘉太守等職。他在注釋《三國志》時，一改前人成規，作注所重不在文字的訓釋，而以補缺、備異、懲妄和論辨為宗旨，從史實

4 《晉書》〈陳壽傳〉譏議陳壽修史態度有欠公正：“或云：丁儀、丁廙有盛名於魏。壽謂其子曰：‘可覓千斛米見與，當為尊公作佳傳。’丁不與之，竟不為立傳。壽父為馬謖參軍，謖為諸葛亮所誅，壽父亦坐被髡，諸葛瞻又輕壽；壽為亮立傳，謂亮將略非長，無應敵之才，言瞻惟工書，名過其實。議者以此少之。”這兩件事關係史家的史德和史料真偽的問題很大，經過清人及近人的辨明，指出《晉書》是根據當時無稽的遊談及有意的捏造，並不可靠。參朱杰勤《中國古代史學史》，頁 97 — 98。

方面對《三國志》加以增補和考訂，實開作注的新例。[5] 注中引用魏、晉人著作，多至二百一十種，所引材料，首尾完整，文字超過正文三倍。後世或批評裴注過於蕪雜，已超越注釋的範圍，變成《三國志》的增補；但從史料價值來說，絕不低於《三國志》本身，特別是注中所引諸書，大部分以後都失傳了，裴注便顯得更加寶貴。歷來史學家都把裴注作為《三國志》的重要部分，二者不可分割，所以讀《三國志》時，不宜忽略裴注。

5 《四庫全書總目提要》指出裴松之注《三國志》的方法，約有六點：(一) 引諸家之論，以辨是非；(二) 參諸家之說，以核訛異；(三) 傳所有之事，詳其委曲；(四) 傳所無之事，補其闕佚；(五) 傳所有之人，詳其生平；(六) 傳所無之人，附以同類。

袁紹字本初，汝南汝陽人也。高祖父安，為漢司徒。自安以下四世居三公位，由是勢傾天下。紹有姿皃威容，能折節下士，士多附之，太祖少與交焉。以大將軍掾為侍御史，稍遷中軍校尉，至司隸。

……

董卓呼紹，議欲廢帝，立陳留王。是時紹叔父隗為太傅，紹偽許之，曰："此大事，出當與太傅議。"卓曰："劉氏種不足復遺。"紹不應，橫刀長揖而去。紹既出，遂亡奔冀州。侍中周毖、城門校尉伍瓊、議郎何顒等，皆名士也，卓信之，而陰為紹，乃說卓曰："夫廢立大事，非常人所及。紹不達大體，恐懼故出奔，非有他志也。今購之急，勢必為變。袁氏樹恩四世，門世故吏徧於天下，若收豪傑以聚徒衆，英雄因之而起，則山東非公之有也。不如赦之，拜一郡守，則紹喜於免罪，必無患矣。"卓以為然，乃拜紹勃海太守，封邟鄉侯。

紹遂以勃海起兵，將以誅卓。語在《武紀》。紹自號車騎將軍，主盟，與冀州牧韓馥立幽州牧劉虞為帝，遣使奉章詣虞，虞不敢受。後馥軍安平，為公孫瓚所敗。瓚遂引兵入冀州，以討卓為名，內欲襲馥。馥懷不自安。會卓西入關，紹還軍延津，因馥惶遽，使陳留高幹、潁川荀諶等說馥曰："公孫瓚乘勝來向南，而諸郡應之，袁車騎引軍東向，此其意不可知，竊為將軍危之。"馥曰："為之柰何？"諶曰："公孫提燕、代之卒，其鋒不可當。袁氏一時之傑，必不為將軍下。夫冀州，天下之重資也，若兩雄并力，兵交於城下，危亡可立而待也。夫袁氏，將軍之舊，且同盟也，當今為將軍計，莫若舉冀州以讓袁氏。袁氏得冀州，則瓚不能與之爭，必厚德將軍。冀州入於親交，是將軍有讓賢之名，而身安於泰山也。願將軍勿疑！"馥素恇怯，因然其計。馥長史耿武、別駕閔純、治中李歷諫馥曰："冀州雖鄙，帶甲百萬，穀支十年。袁紹孤客窮軍，仰我鼻息，譬如嬰兒在股掌之上，絕其哺乳，立可餓殺。柰何乃欲以州與之？”馥曰：“吾，袁氏故吏，且才不如本初，度德而讓，古人所貴，諸君獨何病焉！”從事趙浮、程奐請以兵拒之，馥又不聽。乃讓紹，紹遂領冀州牧。

……

先是，太祖遣劉備詣徐州拒袁術。術死，備殺刺史車胄，引軍屯沛。紹遣騎佐之。太祖遣劉岱、王忠擊之，不克。建安五年，太祖自東征備。田豐說紹襲太祖後，紹辭以子疾，不許，豐舉杖擊地曰：“夫遭難遇之機，而以嬰兒之病失其會，惜哉！”太祖至，擊破備；備奔紹。

紹進軍黎陽，遣顏良攻劉延於白馬。沮授又諫紹：“良性促狹，雖驍勇不可獨任。”紹不聽。太祖救延，與良戰，破斬良。紹渡河，壁延津南，使劉備、文醜挑戰。太祖擊破之，斬醜，再戰，禽紹大將。紹軍大震。太祖還官渡。沮授又曰：“北兵數眾而果勁不及南，南穀虛少而貨財不及北；南利在於急戰，北利在於緩搏。宜徐持久，曠以日月。”紹不從。連營稍前，逼官渡，合戰，太祖軍不利，復壁。紹為高櫓，起土山，射營中，營中皆蒙楯，眾大懼。太祖乃為發石車，擊紹樓，皆破，紹眾號曰霹靂車。紹為地道，欲襲太祖營。太祖輒於內為長塹以拒之，又遣奇兵襲擊紹運車，大破之，盡焚其穀。太祖與紹相持日久，百姓疲乏，多叛應紹，軍食乏。會紹遣淳于瓊等將兵萬餘人北迎運車，沮授說紹：“可遣將蔣奇別為支軍於表，以斷曹公之鈔。”紹復不從。瓊宿烏巢，去紹軍四十里。太祖乃留曹洪守，自將步騎五千候夜潛往攻瓊。紹遣騎救之，敗走。破瓊等，悉斬之。太祖還，未至營，紹將高覽、張郃等率其眾降。紹眾大潰，紹與譚單騎退渡河。餘眾偽降，盡坑之。沮授不及紹渡，為人所執，詣太祖，太祖厚待之。後謀還袁氏，見殺。

初，紹之南也，田豐說紹曰：“曹公善用兵，變化無方，眾雖少，未可輕也，不如以久持之。將軍據山河之固，擁四州之眾，外結英雄，內修農戰，然後簡其精銳，分為奇兵，乘虛迭出，以擾河南，救右則擊其左，救左則擊其右，使敵疲於奔命，民不得安業；我未勞而彼已困，不及二年，可坐克也。今釋廟勝之策，而決成敗於一戰，若不如志，悔無及也。”紹不從。豐懇諫，紹怒甚，以為沮衆，械繫之。紹軍既敗，或謂豐曰：“君必見重。”豐曰：“若軍有利，吾必全，今軍敗，吾其死矣。”紹還，謂左右曰：“吾不用田豐言，果為所笑。”遂殺之。紹外寬雅，有局度，憂喜不形於色，而內多忌害，皆此類也。

第七章　南北朝時期：范曄與《後漢書》

第一節　范曄生平和《後漢書》成書經過

《後漢書》，南朝宋范曄撰，載東漢一代史事，但成書年代較陳壽《三國志》為晚，書中有關東漢末年部分多據《三國志》。《後漢書》出後，逐漸取代了《東觀漢記》等記述東漢的史書，唐代配以《史記》、《漢書》，並稱"三史"；後世一般加上《三國志》，合稱為"四史"。

范曄（公元398—445年），字蔚宗，順陽（今河南淅川縣東）人。出身官僚家庭，自少好學，博覽經史，善為文章，且通音律。初為彭城王劉義康的冠軍參軍，[1] 遷尚書吏部郎，但因小節得罪了劉義康，被貶為宣城太守。他感到很不得志，發奮修訂諸家後漢史書，開始撰寫《後漢書》，當時才二十七歲。後來升為左衛將軍、太子詹事，雖得參預機要，亦僅以"才藝"見重。當時劉義康與其兄宋文帝劉義隆的政治矛盾日趨尖銳，孔熙先、謝綜等謀立劉義康為帝，范曄牽連在內，以謀反罪被捕處死，時年四十八。著作除《後漢書》外，《漢書纘》、《百官階次》皆已散佚。事跡見《宋書》〈范曄傳〉，《南史》則列於其父范泰傳後。關於謀反一節，後世學者曾為他辯護，但這與他寫《後漢書》並無直接關係。

在范曄之前，已有多種記載東漢事跡的史籍，不過范曄認為都不滿

1　冠軍是軍隊編制的一種稱號，參軍是軍隊中參議軍事的官，冠軍參軍就是冠軍部隊中的參軍。

意，乃以《東觀漢記》為主要依據，並參考華嶠《漢後書》等，刪繁補缺，從事撰作。照原定計劃，有十紀、十志、八十列傳，但只完成了紀和傳而沒有志。[2] 南朝梁國劉昭取晉人司馬彪所作《續漢書》的八志三十卷，與范曄寫成的紀、傳合成一書，這就是今本《後漢書》的來歷。

司馬彪（？—約公元 306 年），字紹統，西晉河內溫縣（今河南溫縣西）人。歷仕散騎侍郎、秘書郎、秘書丞，博覽群書，立志著述。曾作《九州春秋》，記述東漢末年軍閥混戰史事；又以當時所有東漢史書載述煩雜。而安帝、順帝以後史事亡佚頗多，遂參考群籍，加上採訪所得，編錄東漢一代從光武帝到獻帝二百年間史事，作紀、志、傳八十篇，名為《續漢書》。但紀、傳今已失傳，只有志保留在《後漢書》中。

第二節 《後漢書》的內容

《後漢書》上起新莽滅亡（公元 23 年），下至漢獻帝建安二十五年（公元 220 年），記載東漢一代一百九十多年間的歷史。此書共一百二十卷，包括"紀"、"列傳" 和"志" 三個部分：

（一）紀——十卷，其中〈光武紀〉和〈皇后紀〉各分上、下卷，實為十二卷。在位不超過一年的幼帝，附於其他帝紀之後，不獨立為一卷，如殤帝附於〈和帝紀〉中，沖帝、質帝附於〈順帝紀〉中；又因東漢皇后多臨朝聽政，故另立〈皇后紀〉。

（二）列傳——八十卷，列名於目錄的有五百餘人，多以類相從，不

---

2 《後漢書》卷十下〈后妃紀〉音懷注云："沈約《謝儼傳》曰：范曄所撰十志，一皆托儼。搜撰垂畢，遇曄敗，悉蜡以覆車。宋文帝令丹陽尹徐湛之就儼尋求，已不復得，一代以為恨。其志今闕。"《四庫提要》誤謝儼為謝瞻，參柴德賡《史籍舉要》，頁 22。

受時間先後的限制。[3] 新增的類傳有七種：〈黨錮列傳〉和〈宦者列傳〉，反映了東漢的歷史情況；〈文苑列傳〉記文學之士，與專重學術的〈儒林列傳〉不同；〈獨行列傳〉多記述以"特立卓行"獲得聲譽而入仕途的人，〈逸民列傳〉則記述自鳴清高、隱居不仕的人物；〈方術列傳〉載神仙怪異之事，也記科學技術人物的活動；〈列女列傳〉記蔡琰（文姬）等十七名才行卓越的女子。

（三）志——計有〈律曆志〉、〈禮儀志〉、〈祭祀志〉、〈天文志〉各三卷，〈五行志〉六卷，〈郡國志〉、〈百官志〉各五卷，〈輿服志〉二卷，共三十卷。其中〈輿服志〉記車服沿革和式樣，〈百官志〉記錄一代官制，都是新增的。（表 12）

表 12《後漢書》內容概略

作者	類別	卷數	篇目舉例
范曄	紀	10	〈光武帝紀〉、〈明帝紀〉、〈章帝紀〉等九卷，另〈皇后妃〉一卷。
	列傳	80	〈劉玄、公孫述列傳〉、〈宗室王侯列傳〉、〈李通、呂布列傳〉、〈循吏列傳〉、〈酷吏列傳〉等。
司馬彪	志	30	〈律曆志〉、〈禮儀志〉、〈祭祀志〉、〈天文志〉、〈五行志〉、〈郡國志〉、〈百官志〉、〈輿服志〉。

范曄所寫的紀傳部分，由唐高宗的兒子章懷太子李賢作注；司馬彪所撰的各志，由南朝梁劉昭作注。清代惠棟復有《後漢書補注》，王先謙更為之增補，作《後漢書集解》，網羅唐、宋以來諸家之說，最稱完備。

3　例如王充、王符、仲長統等並非同時人，但都是東漢的思想家和著述家，以其立論針對當時社會，本身則淡薄榮利，故合為一卷；卓茂、魯恭、魏霸、劉寬等都有"寬仁恭愛"之稱，也同在一卷。

第三節 《後漢書》的評價

《後漢書》沿用紀傳體斷代史的體例，並在《史記》、《漢書》的基礎上，作了一些改進。首先，在編纂方面就有所創立：（一）《史記》呂后入本紀，其餘的皇后入外戚傳，《漢書》因仍不改；《後漢書》因應了東漢的情況，立〈皇后傳〉，而掌權的外戚則另立專傳，這是名正言順的。（二）新增〈黨錮〉、〈宦者〉、〈文苑〉、〈獨行〉、〈方術〉、〈逸民〉、〈列女〉等列傳，提供了處理歷史人物的便利方法，為後來的史學家所仿效。（三）立傳偏重以類相從的原則，不拘時間先後，在一定程度上方便了讀者。（四）沿用《三國志》的方法，凡一事與數人相關的，見於此則不見於彼，悉心核訂，文字力求精練，因此"簡而且周，疏而不漏。"[4]

其次，在內容方面，《後漢書》不但記載東漢一代的事跡，也保存了一代的史料。范曄的時代距東漢滅亡已二百年，修史時不但有豐富的史料可以憑藉，而且還有諸家的史著可供參考。[5] 由於范曄的文筆很高，《後漢書》又只有紀、傳，易於誦習，學者喜歡傳鈔，其餘諸家史書先後亡佚，《後漢書》的價值便更珍貴了。范曄又模仿《漢書》的辦法，列傳中收入不少政論文章和文學作品，[6] 這些原始資料對研究東漢社會的政治、經濟、文化，幫助很大。他如〈東夷〉、〈 南蠻、西南夷〉、〈西羌〉、〈西域〉、〈南匈奴〉、〈烏桓、鮮卑〉等傳，雖多襲用《三國志》的材料，但記

---

4 劉知幾《史通》〈補注篇〉。

5 據清人王先謙《後漢書集解述略》所說，在班固以後、范曄以前，記述東漢一代的史書約有十八家，編著二十種，共有一千零四十九卷。其中有長編的，如班固、盧植等《東觀漢記》；有紀傳的，如華嶠《漢後書》；有編年的，如袁宏的《後漢記》；也有實錄集，如袁曄《獻帝春秋》。參李宗鄴《中國歷史要籍介紹》，頁 137 — 138。

6 例如〈王符傳〉載其〈潛夫論〉中五篇，〈仲長統傳〉載其〈樂志論〉及〈易言〉中二篇，〈張衡傳〉載其〈客問〉一篇，〈上疏陳事〉一篇，〈請禁圖讖〉一篇等等。

述邊疆各族的活動情況及與漢族的關係，極有條理，藉此可以看出魏晉以後北方各族內侵，是由於東漢政府處理民族問題不當所釀成的結果。

第三，范曄在識見上，對宦官、外戚橫行作歹表示憎恨，因此推崇名節，同情黨人和正直之士。這種抑勢利、薄公卿、褒黨錮、尊獨行的敘事態度，具有一定的進步意義。范曄又在后紀以外立〈列女傳〉，自謂"但搜次才行尤高秀者，不必專在一操而已。"內容並不限於表揚貞節，這是應該給予肯定評價的。此例一開，有優秀表現的婦女才能在紀傳體史書中佔一席位。可惜後來的"正史"只強調"節婦烈女"，把列女傳變成"烈女傳"，有些史家甚至從"節操"觀點來批評范曄，指責《後漢書》〈列女傳〉記述改嫁的婦女，這樣的指責其實是錯誤的。[7]

此外，范曄於紀傳之後，有論有贊。范曄嘗以此自誇，[8]更認為諸贊是"吾文之傑思，殆無一字空設"。後世學者或譏其煩複；然平心而論，其中實不乏獨創之見，且有分析當時形勢之論，並非托之空言，兼且夾敘夾議，實不失為卓越的史論。

范曄每每要與《漢書》較一日之長短，並對自己的著作給予很高的估價。他說："詳觀古今著述及評論，殆少可意者。班氏最有高名，既任情無例，不可甲、乙辨；後贊於理，近無所得，唯志可推耳。博贍或不及之，整理未必愧也。"又云："自古體大而思精，未有此也。"事實上他對歷史上政治變動的觀察，是比班固深刻敏鋭的；如上所述，《後漢書》

7　《史通》〈人物篇〉："蔚宗《後漢》，傳標列女，徐淑不齒，而蔡琰見書；欲使彤管所載，將安準的。"蔡琰先嫁衛中道，繼設於匈奴左賢王，後嫁董祀，劉知幾以為不應記入〈列女傳〉中。至於不記徐淑，是否由於范曄有意"不齒"，或僅材料缺乏而已，學者之間也有所討論。

8　范曄在〈獄中與諸甥侄書〉説："吾雜傳論，皆有精意深旨，既有裁味，故約其詞句。至於〈循吏〉以下及〈六夷〉諸序論，筆勢縱放，實天下之奇作。其中合者，往往不減〈過秦論〉。嘗共比方班氏所作，非但不愧之而已。"

也有超越《漢書》之處。不過范曄死時，還未完成全書，編排失當、資料遺漏等小毛病，是無法避免的。應該指出，《後漢書》最為可議之處，是對東漢末年的民變多所詆毀，甚至在當時影響至巨的黃巾起事，亦僅附於〈皇甫嵩傳〉中，沒有專章記述。書中又無表、志，後人雖把司馬彪所作的志併入，可惜司馬彪的識見不高，不立〈食貨〉、〈藝文〉、〈河渠〉等志，沒有適當地處理社會經濟、交通和文化情況等問題，實在是很大的缺陷。

後漢書・張衡傳 節錄

范曄

張衡字平子，南陽西鄂人也。世為著姓。祖父堪，蜀郡太守。衡少善屬文，遊於三輔，因入京師，觀太學，遂通《五經》，貫六藝。雖才高於世，而無驕尚之情。常從容淡靜，不好交接俗人。永元中，舉孝廉不行，連辟公府不就。時天下承平日久，自王侯以下，莫不踰侈。衡乃擬班固〈兩都〉，作〈二京賦〉，因以諷諫。精思傅會，十年乃成。文多故不載。大將軍鄧騭奇其才，累召不應。

衡善機巧，尤致思於天文、陰陽、歷筭。常耽好《玄經》，謂崔瑗曰："吾觀《太玄》，方知子雲妙極道數，乃與《五經》相擬，非徒傳記之屬，使人難論陰陽之事，漢家得天下二百歲之書也。復二百歲，殆將終乎？所以作者之數，必顯一世，常然之符也。漢四百歲，玄其興矣。"安帝雅聞衡善術學，公車特徵拜郎中，再遷為太史令。遂乃研覈陰陽，妙盡琁機之正，作渾天儀，著〈靈憲〉、〈筭罔論〉，言甚詳明。

順帝初，再轉，復為太史令。衡不慕當世，所居之官，輒積年不徙。自去史職，五載復還，〔下略〕

陽嘉元年，復造候風地動儀。以精銅鑄成，員徑八尺，合蓋隆起，形似酒尊，飾以篆文山龜鳥獸之形。中有都柱，傍行八道，施關發機。外有八龍，首銜銅丸，下有蟾蜍，張口承之。其牙機巧制，皆隱在尊中，覆蓋周密無際。如有地動，尊則振龍機發吐丸，而蟾蜍銜之。振聲激揚，伺者因此覺知。雖一龍發機，而七首不動，尋其方面，乃知震之所在。驗之以事，合契若神。自書典所記，未之有也。嘗一龍機發而地不覺動，京師學者咸怪其無徵，後數日驛至，果地震隴西，於是皆服其妙。自此以後，乃令史官記地動所從方起。

時政事漸損，權移於下，衡因上疏陳事〔下略〕

後遷侍中，帝引在帷幄，諷議左右。嘗問衡天下所疾惡者。宦官懼其毀己，皆共目之，衡乃詭對而出。閹豎恐終為其患，遂共讒之。

衡常思圖身之事，以為吉凶倚伏，幽微難明，乃作〈思玄賦〉，以宣寄情志。〔下略〕

永和初，出為河間相。時國王驕奢，不遵典憲；又多豪右，共為不軌。衡下車，治威嚴，整法度，陰知姦黨名姓，一時收禽，上下肅然，稱為政理。視事三年，上書乞骸骨 ，徵拜尚書。年六十二，永和四年卒。〔下略〕

第八章　劉知幾與《史通》：第一部史評

第一節　劉知幾生平和撰寫《史通》的目的

《史通》，唐代劉知幾撰，是中國第一部史學理論專著，對中國前此的史籍作了全面的分析和批評，無論在體例上、內容上，都是空前的傑作。

劉知幾（公元 661 — 721 年）是唐代傑出的歷史學家，又是中國第一個有系統地提出史學評論的學者。二十歲舉進士，授獲嘉主簿。武則天時，歷任著作佐郎、左史等職，兼修國史。中宗時，因官鳳閣舍人，[1] 暫停史職，次年復任著作郎，仍兼修國史。其後在參與纂修《則天皇后實錄》時，因主張善惡必書，不曲筆為武后歌功頌德，與監修官武三思等發生爭執，憤而辭職，但不久又重入史館。玄宗時，官至左散騎常侍。開元九年（公元 721 年），為營救長子犯罪流配一事，貶為安州都督府別駕，不久去世。年六十一。事跡見《舊唐書》〈劉子玄傳〉。

劉知幾為人剛直不阿，長於史學，著述甚多。他參與編寫的史書，有《三教珠英》（一千三百一十三卷）、《高宗實錄》（二十卷）、《中宗實錄》（二十卷）、《則天皇后實錄》（三十卷）等。自撰的史書，有《劉氏家乘》十卷、《劉氏譜考》三卷、《睿宗實錄》十卷、《劉子玄傳》三十卷、《史通》二十卷，但只有《史通》及一些散篇流傳至今。

《史通》的編寫工作，大約始於武后長安三年（公元 702 年），至中宗

1　鳳閣舍人即中書舍人，武則天時改用此稱。

景龍四年（公元 710 年）完成。在此書面世之前，中國已出現了許多優秀的史學家，產生了大批的史學著作，單是《隋書》〈經籍志〉史部所著錄的，就有八百多部，約一萬三千餘卷。認真總結前人編寫史書的經驗，已成為史學發展的客觀要求，因此《史通》的產生，無疑是作者本身精通史學以及刻苦鑽研的成果，但在另一方面說，與古代史學的發展是分不開的。

劉知幾自幼酷愛史學，又擔任史職達二十餘年，不但博覽群書，而且有豐富的編撰史籍的經驗；加以當時李、武集團爭權奪利，互相傾軋，使劉知幾從中看到社會的弊病，希圖改革，逐漸形成了自己的一套史學觀點。但是，在弊病多端的史館裏修史，要想充分施展自己的才能和表達個人的見解，是不可能的。劉知幾於是利用工作之餘，私撰《史通》，一方面總結史書的得失，一方面闡述自己的史學主張。[2] 至於此書定名，也是有一番考究的，〈自敘〉說：

昔漢世諸儒，集論經傳，定之於白虎觀，因名曰《白虎通》。余既在史館而成此書，故便以《史通》為目。且漢求司馬遷後封為"史通子"，是知史之稱通，其來自久。博取眾議，爰定茲名。

2 《史通》〈自敘〉："嗟乎！雖任當其職，而吾道不行；見用於時，而美志不遂。鬱怏孤憤，無以寄懷。必寢而不言，嘿而無述，又恐沒世以後，誰知余者。故退而私撰《史通》，以見其志。"

第二節　《史通》的內容和主張

《史通》共二十卷，原為五十二篇，今存四十九篇，[3] 連同自注的，約八萬八千多字。此書分為兩個部分：

(一)“內篇”十卷，有〈六家〉、〈二體〉、〈載言〉、〈本紀〉等三十六篇，內容多論史學的源流、體例和編撰方法；另有〈體統〉、〈紕繆〉、〈弛張〉三篇已亡佚，僅存篇目。

(二)“外篇”十卷，有〈史官建置〉、〈古今正史〉、〈疑古〉等十三篇，內容多論史官建置的沿革和史書的得失。(表 13)

表 13《史通》內容概略

組成部分	卷數	篇目名稱
內篇	十卷（三十六篇；另有三篇亡佚）	〈六家〉、〈二體〉、〈載言〉、〈本紀〉、〈世家〉、〈列傳〉、〈表歷〉、〈書志〉、〈論贊〉、〈序例〉、〈題目〉、〈斷限〉、〈編次〉、〈稱謂〉、〈采撰〉、〈載文〉、〈補注〉、〈因習〉、〈邑里〉、〈言語〉、〈浮詞〉、〈敘事〉、〈品藻〉、〈直書〉、〈曲筆〉、〈鑑識〉、〈探賾〉、〈模擬〉、〈書事〉、〈人物〉、〈核才〉、〈序傳〉、〈煩省〉、〈雜述〉、〈辨職〉、〈自敘〉；另〈體統〉、〈紕繆〉、〈弛張〉僅存篇目。
外篇	十卷(十三篇)	〈史官建置〉、〈古今正史〉、〈疑古〉、〈惑經〉、〈申左〉、〈點煩〉、〈雜説上〉、〈雜説中〉、〈雜説下〉、〈五行志錯誤〉、〈五行志雜駁〉、〈暗惑〉、〈忤時〉。

作者對史學發展及與修史有關的各種問題，都具體地闡述了自己的看法，表現出卓越的識見和才能。總括全書，有以下幾個中心意旨：

第一、歸納史書為六家二體，分析其優劣得失。劉知幾把以往的史

3　《舊唐書》僅稱《史通》二十卷，未言篇數；《新唐書》則稱《史通》內外四十九篇，可知此三篇在北宋修《新唐書》時已失傳。

書，按其著作的源流分為《尚書》家、《春秋》家、《左傳》家、《國語》家、《史記》家和《漢書》家；又把"編年"、"紀傳"二體作為史家的正體，稱"正史"，其他旁流則稱"雜述"。[4]

書中一一評述各種史書和體例的優劣得失，對於被奉為經典的《尚書》和《春秋》，亦敢於提出異議，如指責《春秋》一書為尊者諱、為賢者諱、為親者諱的義例，認為這是"愛憎由己"、"厚誣來世"，因而批評《春秋》"真偽莫分，是非相亂"。對於紀傳體，劉知幾對斷代為史的方式，很是讚許，所以推崇《漢書》，但仍不滿書中體例未夠嚴謹，〈古今人表〉記錄前代人物，就是一例。

第二、指出史書記載失實的原因，主張繼承優秀的史學傳統。劉知幾認為修撰史書的人，往往懾於當權者的威勢，又往往貪求個人的榮華富貴，以致不敢振筆直書，歪曲了事實的真相。此外，修史者專憑主觀愛憎作為記事的標準，僅依據片面傳聞而不進行全面、深入的探討，都是造成舊史記載失實的原因。所以他強調編撰歷史的人應當"不掩惡，不虛美，不避強御，無所阿容"，不可隨意褒貶，切忌"以實為虛，以非為是"。

第三、批評史家模擬舊著的錯誤，主張使用當代語言。劉知幾對學者喜歡模仿前代名著，不以為然。他指出模擬的途徑有二：一是"貌同心異"，即只追求形式相同而不能吸收其長處；一是"貌異心同"，即取法前人的精神實質，而不徒具形式，"其所以為似者，取其道術相會，義理玄同，若斯而已。"世人往往愛好形式上的相同，"蓋鑑識不明，嗜愛多僻，悅夫似史，而憎夫真史。"只有《史記》獨創新體，無所胎襲，即使

4　劉知幾還把雜述按其內容析為十流，即：編紀、小錄、逸事、瑣言、郡書、家史、別傳、雜記、地理書、都邑簿。

採用古書，也都經過整理和重寫的工夫。劉知幾又肯定史籍雖記以往事跡，但只為今人而寫的，應該用當代的語言文字和通俗的辭句。

第四、指出當政者領導修史的弊病，強調私人撰史的優越性。史館之設，始於北齊，以宰相兼領其職，稱為"監修國史"；周、隋仍其舊制，至唐代更具規模。劉知幾曾受詔預修唐史，親自體驗了種種弊端，即所謂"五不可"：一、史館例設多員，以致觀望無成；二、史館材料缺乏，以致聞見不廣；三、權門貴族禁諱太嚴，無由寫成信史；四、監修大臣意見不一，不知何所適從；五、分工不明，很難及時完成任務。劉知幾認為私人撰史，可以避免上述的弊端，擺脱權貴干涉，得成"一家獨斷"。

第五、強調文人不可修史，反對文史混淆。歷代設館修史，照例用達官貴人監修，而編述則多委之一般文士。但文人修史，容易流於浮誇虛飾，距離真實面貌很遠。劉知幾説："喻過其體，詞沒其義，繁華而失實，流宕而忘返；無裨勸奬，有長奸詐。"此風氣始自六朝，唐初更變本加厲，一部《晉書》完全成了駢四儷六的寫作。因此劉知幾反對選用文士修史，指出"夫史之敘事也，當辯而不華，質而不俚。"史固不能不用文來表達，言之無文，行之不遠，但文和史的性質及作用各有不同，史學是應該脱離文學而獨立的。

第三節　《史通》的評價

《史通》論證的範圍很廣，諸如史官源流、史書體裁、史書評論、史學方法、史學修養、史料範圍、史料鑑別，甚至史書的造句用語，都有論述；差不多包括了歷史學的全部問題，所以此書不能單以史評看待。論者強調，《史通》在撰著上具有幾個比較突出的方面，一是評論有據，二是兼指得失，三是批評尖銳，四是主張明確，因此這部一千二百多年前寫成的著作，今日仍然受到重視，成為寶貴的史學遺產。[5]至於它在史學上的價值，主要有以下幾點：

第一、總結唐代以前的史學成就。《史通》之中，〈史官建置〉、〈古今正史〉、〈六家〉等篇，歷述中國史官的起源及變遷，列舉歷代官修和私撰的各種史書，並對各家史書的體裁加以分析和評論，建立了史學史的基礎，是研究唐代以前史學發展的重要著作。

第二、闡明史書體例並提出卓見。〈六家〉、〈本紀〉、〈世家〉、〈列傳〉、〈表歷〉、〈書志〉、〈論贊〉等多篇，都論到史書各種體例的意義和作用。劉知幾更提出史書要在志中增加制、冊、章、表、書，專載重要文獻，並增〈都邑〉、〈氏族〉、〈方物〉、〈方言〉四志；這些都是卓越的見解，而為後來鄭樵的《通志》所採納。

第三、建立嚴謹的史學方法。劉知幾從史料的範圍、史料的採摘、史料的鑑別、史料的區分，到編纂的次序、史事的判斷、人物的評論、篇幅的剪裁、文字的修飾等，都做了深入的研究和規劃。並就史料與史書二者，提出分工合作之說。他的史學方法，很能自成一家，給後來許多歷史學者以很大的影響，把中國史學推進了一步。

第四、提出史家必須具備的條件。劉知幾認為歷史家要有科學的修養，公正的態度，實事求是的精神。書中暢論史家必須具備"三長"，即才、學、識三個條件，所寫的歷史才能反映社會的真實情況。他說：

> 史才須有三長，世無其人，故史才少也。三長謂才也，學也，識也。夫有學而無才，亦猶有良田百頃，黃金滿籯，而使愚

5　參楊翼驤〈劉知幾與史通〉，《中國史學史論集》（一），頁 139 — 146。

> 者營生，終不能致於貨殖者矣。如有才而無學，亦猶思兼匠石，巧若公輸，而家無楩柟斧斤，終不果成其宮室者矣。猶須好是正直，善惡必書，使驕主賊臣，所以知懼。[6]

“史才”主要是指史定的才幹；“史學”主要是指史家的知識學問；至於“史識”，主要是指史家的史觀和筆法，也就是“善惡必書”的“直筆論”，劉氏強調“良史以實錄直書為貴”。這些標準，在當時是很有見地的。

第五、發揚歷史進化的觀點。劉知幾反對命定論的歷史觀，認為論成敗當以人事為主，把一切諉於天命，既不能真正説明歷史的發展，也不足以提供有益的經驗教訓。因此，他通過歷史材料的分析，對各種有關迷信的記載予以駁斥，有力地批判了陰陽災異和祥瑞、符命的迷信思想。這種進步的歷史觀，對中國史學的發展是有貢獻的。

第六、開闢史評的道路。史評包括兩種，一是對史事的評論，一是對史書的評論。在中國史學發展史上，全面有系統的史評，創始於劉知幾的《史通》，到宋代才開始把史評列為史部分類的一門。

總之，《史通》所提出的很多建議，都豐富了歷史學的內容，對於推動歷史學的發展，是有很大貢獻的。由於書中持論激烈，難免受到一些誣蔑，尤以〈疑古〉、〈惑經〉二篇被攻擊得最多，這些批評其實是過苛的。[7]當然，《史通》是有一些缺點的，例如言論前後矛盾，持論有所偏差等

---

6 《舊唐書》〈劉子玄傳〉。《新唐書》〈劉子玄傳〉亦有相類似的記載説：“史有三長：才、學、識，世罕兼之，故史者少。夫有學無才，猶愚賈操金，不能殖貨；有才無學，猶巧匠無楩柟斧斤，弗能成室。善惡必書，使驕君賊臣知懼，此為無可加者。”

7 例如把北宋宋祁指劉知幾“工訶古人而拙於用己”。（《新唐書》〈劉子玄傳〉）

等。[8]

《史通》的注本，以清人浦起龍所撰《史通通釋》為最佳，流行亦最廣。此外，陳漢章《史通通釋》、楊明照《史通通釋補》、羅常培《史通增釋序》及呂思勉《史通評》等，均可供參考。

---

8 朱杰勤《中國古代史學史》指出，《史通》〈表歷〉完全否定了表在史書中的輔助作用，但在別處又承認表可以節省紀事之煩，方便讀者。（頁 154）高振鐸主編《中國歷史要籍介紹及選讀》認為《史通》說“陳勝起自群盜”，又說黃巾、赤眉是“寇賊”，以及為了維持“名教”而在一定程度上贊同用“隱諱”的筆法等，反映了劉知幾的地主階級立場及維護封建統治的用心。（下冊，頁 540）

第九章　歷代政書：從“三通”到“十通”

第一節　政書類史書概説

一、“三通”及其續編

唐代杜佑的《通典》、南宋鄭樵的《通志》和元代馬端臨的《文獻通考》，合稱“三通”。清代乾隆(公元 1736 — 1796 年) 年間官修《續通典》、《續通志》和《續文獻通考》，稱為“續三通”；又有“清三通”，即《清通典》、《清通志》和《清文獻通考》。三通、續三通、清三通，合稱“九通”；1935 年商務印書館加入近人劉錦藻的《清續文獻通考》，成為“十通”。(表 14)

表 14“十通”一覽表

總稱		書名	修撰者	卷數
九通	三通	1.《通典》	唐、杜佑	200
		2.《通志》	南宋、鄭樵	200
		3.《文獻通考》	元、馬端臨	348
	續三通	4.《續通典》	清、乾隆時官修	150
		5.《續通志》	清、乾隆時官修	640
		6.《續文獻通考》	清、乾隆時官修	250
	清三通	7.《清通典》	清、乾隆時官修	100
		8.《清通志》	清、乾隆時官修	126
		9.《清文獻通考》	清、乾隆時官修	300
十通		10.《清續文獻通考》	近人、劉錦藻	400

二、會要及其他政書類史書

按朝代記載典章制度的史書稱為“會要”，也是政書類史書的重要部分。這種體裁創始於唐代蘇冕編的《會要》，內容包括唐高祖至唐德宗時；後來楊紹復、崔弦的《續會要》，續編了唐德宗至唐宣宗時的典章制度。宋代王溥接着補足了唐宣宗以後至唐末的史實，總其成而為《唐會要》，共一百卷，是現存中國最早的一部會要。王溥又收集了五代史料，撰成《五代會要》三十卷。

宋代共修會要十次，撰成二千二百卷，其後散佚，至明朝修《永樂大典》時收入其殘卷。清代徐松主持編輯《全唐文》時，命人從殘存的《永樂大典》中抄錄出來，而成《宋會要輯稿》內容豐富；另外，有近人劉承幹請人增刪整理的四百六十卷本。

分門記載元代典章的《經世大典》和《元典章》，也是會要的體例。明清兩代改稱“會典”，意即“典章會要”，以記各級行政機構的職掌和事例為主，是會要的別體。《明會典》的內容較《明史》各志為詳，是研究明代典章制度的重要資料；《清會典》的體例仿《明會典》，記載各級行政機構的職掌、事例，惟將事例別為一編，是研究清代典章制度的重要資料。此外，還有後人根據史書補修的前代會要，如《西漢會要》、《東漢會要》、《三國會要》等，亦有一定的參考價值。

政書類史書中，還有專門記載某種典章制度的書。有的是某種制度的原始文件，如《唐六典》是詳記唐代官制的書，《大唐開元禮》是詳記唐代五禮的書，《唐律疏議》是詳記唐代法律條文及其疏釋的匯編。這三部書都是唐代有關方面的原始文件、法令律例，是非常珍貴的資料，《唐律疏議》更是中國以至亞洲現存最古老而又完整的法典，上承隋律的傳統，下開《宋刑統》、《大明律》和《大清律例》的先河，具有很高的學術價值。

第二節　《通典》及其續編

一、《通典》：典志體通史

唐代杜佑撰《通典》，是中國第一部典志體通史。共二百卷，記載歷代典章制度沿革，上起傳説中的唐虞，下迄唐肅宗、代宗時。內容分為食貨、選舉、職官、禮、樂、兵、刑、州郡、邊防九門，每門又分為若干子目，共一千五百餘條，綜合各代，而詳於唐代，包羅繁富，考訂詳確，有很高的史料價值。作者認為教化之本，在乎足衣食，而"農者有國之本也"，故首列〈食貨典〉。書中通過敘述典章制度的沿革和變化，強調歷史變異是進步的現象，認為"古今既異，形勢亦殊"，如"欲行古道，勢莫能遵"。

二、《續通典》：《通典》的續編

《續通典》是續杜佑《通典》之作，清乾隆年間官修，劉墉、嵇璜等主持，經紀昀等校訂，共一百五十卷。北宋時，宋白等曾撰《續通典》二百卷[1]，但因未有刊本，早已亡佚，至此敕命續纂。《通典》所記止於唐天寶之末（公元756年），故《續通典》從唐肅宗至德元年（公元757年）起記，迄於明崇禎末年（公元1644年），包括了唐末和宋、遼、金、元、明的典章制度。其篇目與《通典》相同，分為食貨、選舉、職官、禮、樂、兵、刑、州郡、邊防九門；至各子目，則多有改併。

《續通典》在取材方面，除各代正史之外，還有《唐六典》、《唐會要》、《五代會要》、《冊府元龜》、《太平御覽》、《契丹國志》、《大金國

1　宋白等編修的《續通典》，成書於咸平四年（公元1001年），記載自唐至德初（公元756年）以後二百餘年的典章制度，包括食貨、選舉、職官、禮、樂、兵、刑、州郡、邊防。

志》、《元典章》、《明集禮》、《明會要》等，再加上唐、宋、元、明人之文集、奏議，以及《唐文粹》、《文苑英華》、《宋文鑑》、《元文類》、《明經世文編》等；以明代史料最為豐富。

三、《清通典》：《續通典》的續編

《清通典》，即《清朝通典》，原稱《皇朝通典》，清朝滅亡以後通用此名。清乾隆年間官修，劉墉、嵇璜等主持，一百卷，另有凡例、總目。記事起自清初（公元 1616 年），止於乾隆五十年（公元 1785 年）。體例與《續通典》同，分為食貨、選舉等九門；各門中的子目，則根據當時所行典制而略有調整。全書取材以《大清通禮》、《大清會典》等為主，綜合各書，分門別類。有關乾隆以前的清代典制，頗便檢閱。

第三節 《通志》及其續編

一、《通志》：綜合記述歷代典章制度

《通志》，南宋鄭樵著。共二百卷，是綜合歷代史料而成的通史性政書。此書雖與唐代杜佑《通典》、元代馬端臨《文獻通考》並稱"三通"，列為典制通史類，實則與二書專錄典章制度不同。書中"二十略"是全書精華所在，分別記載歷代典章制度和學術文化，逐一闡述其源流演變，可與二書媲美。二十略中，氏族、六書、七音、都邑、昆蟲草木五略為舊史所無，乃作者創新，其他諸略多用《通典》舊文。內容豐富，議論亦多精闢，研究古史，可資參考。《通志》〈總序〉說："古者記事之史謂之志……太史公更志為記，今謂之志，本其舊也。"論者指出，《通志》就是

模仿司馬遷的《史記》而作的。[2]

二、《續通志》：《通志》的續編

《續通志》，六百四十卷，清乾隆年間官修，劉墉、嵇璜等主持，經紀昀等校訂。本書體例與《通志》大致相同，分本紀、列傳、二十略等幾大部門，但缺世家、年譜。本紀、列傳的內容與《通志》相銜接，時間斷限從唐初到元末，包括唐、宋、遼、金、元五朝，文字全部抄自正史；至於明代記傳，因當時已另修《明史》，故不加纂。二十略則起於五代，而終於明末，不但繼續《通志》的二十略，並有所補充和訂正。如《通志》〈藝文略〉只列書名卷數，本書則各補撰人名氏爵里；《通志》〈圖譜略〉以〈索象〉、〈原學〉、〈訂用〉三篇辨其源流，又用〈記有〉、〈記無〉考其存佚，本書則刪除以上名稱，另立經學、史乘、天文、地理、政典、學術、藝事、物數等目；對於《通志》〈昆蟲草本略〉，本書的增補和訂誤尤多。

三、《清通志》：《續通志》的續編

《清通志》，即《清朝通志》，原稱《皇朝通志》，清亡後，通用此名。清乾隆年間官修，劉墉、嵇璜等主持，一百二十六卷，內容起自清初，止於乾隆晚年。體例雖仿《通志》，但省去了本紀、列傳、世家、年譜，以其具存於實錄、國史列傳及宗室王公功績表傳諸書，館臣不敢更加撰述，故僅存二十略，以湊足“三通”之數。此書二十略的名稱與鄭樵原本同，細目及內容則有所增減。例如：（一）〈都邑略〉、〈金石略〉較鄭書略為刪簡；（二）〈藝文略〉、〈校讎略〉、〈圖譜略〉較鄭書多所刪併；（三）〈天文略〉、〈地理略〉較鄭書略有增補；（四）〈六書略〉、〈七音略〉、〈昆蟲草

2　倉修良著《史家・史籍・史學》（濟南：山東教育出版社，2000 年），頁 234。

木略〉比鄭書增加了一些新的內容。本書對清朝開國至乾隆時期的典制，縷分條析，端委詳明，不過內容除氏族、六書、七音、校讎、圖譜、金石、昆蟲草木諸略外，大體與《清通典》相重複。

第四節 《文獻通考》及其續編

一、《文獻通考》：典章制度通史

《文獻通考》，簡稱《通考》，遠古至南宋末年的典章制度通史。宋、元之際馬端臨著。作者在〈自序〉中說："引古經史謂之文，參以唐宋以來諸臣之奏疏、諸儒之議論謂之獻，故名曰《文獻通考》。"共三百四十八卷，記載歷代典章制度沿革，由上古開始，至南宋末年宋寧宗時止；分為田賦、錢幣、戶口、職役、徵榷、市糴、土貢、國用、選舉、學校、職官、郊社、宗廟、王禮、樂、兵、刑、經籍、帝系、封建、象緯、物異、輿地、四裔，共二十四門，門類較唐代杜佑《通典》為多，資料、內容亦較《通典》詳盡。書中對宋代制度的得失多所論述。

二、《續文獻通考》：《文獻通考》的續編

《續文獻通考》，二百五十卷，清朝乾隆年間官修，劉墉、嵇璜等主持，經紀昀等校訂。因馬端臨《文獻通考》止於南宋寧宗嘉定以前，而明朝王圻撰《續文獻通考》二百五十四卷，止於明萬曆初年，且"體例糅雜，舛錯叢生"，故乾隆十二年（公元 1747 年）敕命續輯宋、遼、金、元、明五朝事跡議論，匯為是書。原議在馬氏所分二十四門外，別增朔閏、河渠、氏族、六書四門，其後決定《通典》、《通志》也分別續修，所擬增加的四門都在《通志》二十略的範圍內，於是仍以馬氏原目為基礎，僅從〈郊

社考〉、〈宗廟考〉中分出〈群社考〉、〈群廟考〉，計二十六門。內容與《文獻通考》相接，上起南宋寧宗嘉定年間，下迄明朝崇禎末年，記述了這四百多年間政治、經濟、文化制度的沿革。取材多據明代王圻撰《續文獻通考》，[3] 並引徵各代正史、說部、雜編以及文集、史評、語錄等資料加以改編和考訂。對《文獻通考》所未詳者，亦有所補正。

三、《清文獻通考》：《續文獻通考》的續編

《清文獻通考》，即《清朝文獻通考》，原稱《皇朝文獻通考》，清朝亡後通用此名。清朝乾隆年間官修，劉墉、嵇璜等主持，共三百卷。初與《續文獻通考》共為一編，其後別自為書。內容上起清初開國（公元 1616 年），下至乾隆五十年（公元 1785 年），記載了這一百七十年間的典制。體例與《續文獻通考》相同，在馬端臨二十四門之外，增群社、群廟兩門，共二十六門。子目中增加了一些新的內容，例如田賦增加八旗田制、戶口增加八旗壯丁、學校增加八旗官學、封建增加蒙古王公等項，都是前代所無而清代特有的，對於研究清史有一定的參考價值。子目中又刪去清代所無的事項，如均輸、和買、私糴、童子科和車戰等。

四、《清續文獻通考》：上接《清文獻通考》

《清續文獻通考》，四百卷，近人劉錦藻撰。原名《皇朝續文獻通考》。內容上繼乾隆年間修成的《清文獻通考》，起於乾隆五十一年（公元 1786 年），止於宣統三年（公元 1911 年）。撰者在清末為侍讀學士，曾於光緒末年纂成一編，所載迄光緒三十年（公元 1904 年）；民國以後，復增輯光緒

3　王圻撰《續文獻通考》成書於明萬曆二十四年（公元 1586 年），二百五十四卷，是《文獻通考》的續編，體例增節義、謚法、六書、道統、氏族、方外六門。此書有關明代的典章制度，敘述實較為詳細。

三十一年至宣統三年部分，而成此書。分為三十門，除依《清文獻通考》二十六門之外，新增外交、郵傳、實業、憲政四門，以適應道光、咸豐以後的新形勢。子目也多所變更，例如〈征榷考〉增加釐金、洋藥，〈國用考〉增加銀行、海運，〈選舉考〉增加貲選，〈學校考〉增加書院、圖書、學堂，〈王禮考〉增加歸政、訓政、親政、典學，〈兵考〉增加陸軍、海軍、長江水師、船政等項目。《清續文獻通考》繼“清三通”之後編成，也是一部很有價值的歷史資料。

第十章　杜佑與《通典》：第一部典制通史

第一節　杜佑生平和撰寫《通典》經過

唐代杜佑所撰的《通典》，是中國第一部專門論述歷代典章制度沿革的通史，確立了與紀傳、編年並立的“政書”體裁。

杜佑(公元 735 — 821 年)，字君卿，京兆萬年(今陝西長安縣) 人。出身官宦之家，歷任江淮青苗使、水陸轉運使、戶部侍郎判度支、度支鹽鐵使等財政職務，以及撫州、蘇州刺史及嶺南、淮南節度使等職，後官至司徒、同平章事，即是宰相地位。他涉獵古今，以富國安民為己任，熟悉經濟、政治等典章制度，對唐代經濟、政治等方面的弊病也有所了解，並企圖加以改革。

開元末年，大史學家劉知幾之子劉秩仿《周禮》六官之法，採經史百家之言，分類詮次，著《政典》三十五卷，大為時賢稱賞。杜佑以此書條目未盡，於是廣泛搜集資料，參考前代書志體例，撰成《通典》。他從代宗大曆元年 (公元 766 年) 開始撰寫，至德宗貞元十七年 (公元 801 年) 完成，前後用了三十六年的時間。杜佑另著有《理道要訣》十卷、《管氏指略》二卷、《賓佐記》一卷，事跡見《舊唐書》及《新唐書》本傳。

第二節　《通典》的內容和體裁

《通典》所載，上起傳說中的黃帝，下迄唐玄宗天寶末年，綜合各代；而於唐代敘述尤詳，內容約佔全書四分之一以上。至於唐肅宗、代宗以後的變革，有時也附在注中加以記述。今本《通典》共二百卷，分為九門，即食貨、選舉、職官、禮、樂、兵、刑、州郡、邊防；[1] 各門再分為若干子目，共一千五百餘條。(表 15)

表 15《通典》內容概略

門類	卷數	篇目舉例
(1)〈食貨典〉	12	〈田制〉、〈賦稅〉等。
(2)〈選舉典〉	6	〈歷代選舉、考績制〉等。
(3)〈職官典〉	22	〈歷代官制要略〉、〈宰相〉等。
(4)〈禮典〉	100	〈歷代沿革禮〉、〈開元禮〉等。
(5)〈樂典〉	7	〈歷代沿革〉、〈權量〉等。
(6)〈兵典〉	15	〈敘兵〉、〈料敵致勝〉等。
(7)〈刑典〉	8	〈刑制〉、〈守正赦宥〉等。
(8)〈州郡典〉	14	〈序目〉、〈古梁州〉等。
(9)〈邊防典〉	16	〈東夷〉、〈南蠻〉等。

書中對於每種制度，都能綜貫古今，溯源明流，通其原委，極有條理。而且用說、議、評、論的方式，提出自己的見解和主張。[2] 不僅保存

1　《通典》〈總敘〉把〈兵典〉合於〈刑典〉之中而為八門，實則仍是兵、刑分列，故《舊唐書》〈杜佑傳〉載杜佑進〈通典表〉稱“凡九門”。似以分九門為宜。

2　《通典》卷四十二“郊天”注云：“凡義有經典文字其理深奧者，則於其後說之以發明，皆云說曰；凡義有先儒各執其理，並有通據而未明者，則議之，皆云議曰；凡先儒各執其義，所引據有優劣者則評之，皆云評曰；他皆同此。”

了大量有關歷代典章制度的重要史料，成為考據唐代以前掌故的“淵海”，而且為編寫制度通史開創了先例。這種體例雖來源於紀傳體史書的書志，卻超過了以人物紀傳為敘史中心的範圍，發展成為專記經濟、政治等方面的典章制度的文化專史。

《通典》內容的編纂次序，和以前紀傳體史書中的“志”有很大不同。如《史記》八書，禮樂居首，律曆次之，平準第八；《漢書》十志，律曆居首，禮樂次之，食貨第四。杜佑認為“夫道理之先，在乎行教化；教化之本，在乎足衣食。”因此《通典》把敘述封建社會經濟結構的〈食貨典〉列為首位，其中又以歷代土地關係變革的“田制”為先。這種敘述的次序，是前所未有的。把農業生產作為政治與文化發展的基礎，在當時有進步的意義。《通典》又不載天文、五行等與政治、經濟沒有直接關係的事情，也是高明之處。

第三節　《通典》的評價

《通典》成書以後，“大傳於時”，對後代影響極為深遠，歷來的評價是很高的。它在史書編纂和史學思想兩方面，都有許多優點，具體表現於下列幾項：

第一、創立史書編纂的新體裁。自從《史記》創立八書之後，紀傳體史書大都列有書志一門，記載典章制度的演變；但各史斷代為書，無法照應典章制度因續的關係，統括歷代史志便成為一種需要。《史通》綜合有關資料，分門別類，竟委窮源，收會通之效，為史書開闢了新途徑，後來馬端臨的《文獻通考》等巨著，都是沿襲《通典》的體例而編成的。

第二、發展史書自注的方法。《通典》以前，史書自注者少，他注的多。杜佑特別注意到子注的運用，其注本大致分為釋音義、舉故典、補史事、明互見、考史料五類，不但可補正文的不足，而且說明材料的出處，既便於讀者查考，也表現了作者謹嚴的治學精神。這種方法對後世影響很大，司馬光作《資治通鑑》，別為考異一書，可以說是這方法的繼承和發展。

第三、保存古代的珍貴史料。《通典》引書至少二百餘種，又作了系統的整理。書中對唐代的記載特別詳明，而且取材於當代有關詔誥文書、臣僚奏議、行政法規、政令措施以及帳冊、大事記、私人著述等，大多是第一手的資料，具有較高的史料價值。而且《通典》徵引的典籍不少已經失傳，故輯佚家一向對《通典》都很重視。[3]

第四、發揮進步的史學思想。杜佑先謂著書目的在於"經世"、"致治"，[4]《通典》多處表現出歷史進化的觀點，認為上古樸質少事，固然很好，但多鄙風弊俗，不如後世文明，不應"非今是古"；何況歷史是不斷變化的，"古今既異，形勢亦殊"，如"欲行古道，勢莫能遵"，應該適應客觀形勢的發展，"隨時立制，遇事變通"。這些都是究心於現實政治而反映出來的進步思想。

但是，杜佑從維護封建禮教的觀點出發，以全書過半的篇幅記述禮、樂，〈禮典〉達百卷之多，冗累繁瑣，殊屬不當。又如〈兵典〉只記兵法，甚至連一些荒謬的傳說也備載無遺，兵制沿革反而很少涉及，為例不純，為後世史家所責難。這些都是《通典》一書的缺點，不過，都是較為次要的。

---

3 參陳光崇〈杜佑在史學上的貢獻〉，《中國史學史論集》（二），頁 193 — 195。

4 《通典》〈總序〉："所纂《通典》，實雜群言，徵諸人事，將施有政。"

第十一章　司馬光與《資治通鑑》：第一部編年體通史

第一節　司馬光生平和《資治通鑑》成書經過

北宋司馬光撰《資治通鑑》（一般簡稱《通鑑》），是中國第一部編年體通史，專詳歷代治亂興衰，實為《史記》以後的一大巨著，因此後人常把司馬遷和司馬光並稱為史學界"兩司馬"。

司馬光（公元 1019 — 1086 年），陝州夏縣（今山西夏縣）涑水鄉人。字君實，號迂叟，世稱涑水先生。寶元年間進士，授奉禮郎，遷蘇州官事；累遷天章閣侍制兼侍講，知諫院；英宗時，進龍圖閣學士。神宗即位，擢翰林學士。他是反對王安石推行新法的舊黨領袖，由於政見不合，乃求外任。熙寧三年（公元 1070 年），以端明殿學士知永興軍（今陝西西安）。次年，改判西京御史台。從此住在洛陽，六任冗官，皆以書局自隨，專意編修《資治通鑑》。元豐七年（公元 1084 年）書成奏上，遷資政殿學士。

哲宗即位，召為門下侍郎，進尚書左僕射，任相年餘，盡罷新法。卒贈太師、溫國公，謚文正。簡稱司馬溫公。學識淵博，史學之外，音樂、律曆、天文、書數無所不通，但不喜釋老之學。著有《稽古錄》、《涑水紀聞》、《潛虛》等。《宋史》有傳。

司馬光早年曾撰《通志》八卷，於治平三年（公元 1066 年）進呈英宗，頗受賞識。命他續修，改稱《歷代君臣事跡》，且正式成立史局，並得到自選助手、借閱宮廷秘閣所藏圖書以及朝廷供給紙筆等優厚待遇。神宗初立，聽司馬光進讀其書，認為“鑑於往事，有資於治道”，因賜名《資治通鑑》，並預賜序文，準備於書成之日寫入。司馬光編撰此書的目的，事實上也是為了“人主周覽”。[1] 直至神宗元豐七年（公元1084年），全書始告完成，歷時十九年之久。

司馬光在編撰本書時，曾邀集了當時著名的史學家為主要助手，古代至兩漢部分由劉攽起草，三國至隋代部分由劉恕起草，唐代及五代部分由范祖禹起草，編纂工作大體分三階段進行：首先，是把史料摘錄下來，按年代順序，排列成“叢目”；其次，是將“叢目”加以鑑別選擇，酌情去取，連成“長編”（初稿）；最後，是考訂“長編”，刪繁就簡，潤色文字，方成為定稿。

前兩個階段大半都由劉恕、劉攽和范祖禹三人負責，最後階段則由司馬光總其成。司馬光為編撰此書付出了巨大努力，從發凡起例到刪削定稿，他都親自動筆，態度非常嚴謹，一絲不苟。自課三日刪一卷，有事故延誤則補之；初刪完畢，再加細刪，往往一件史事，用三四出處纂成。該書唐紀長編原有六、七百卷，經他刪削後，僅存八十一卷。本書在洛陽的殘稿，堆滿兩屋。司馬光曾在進《資治通鑑表》中說“研精極慮，窮竭所有，日力不足，繼之以夜”，“臣之精力，盡於此書”。

第二節 《資治通鑑》的內容和體例

《資治通鑑》上起周威烈王二十三年（公元前403年）韓、趙、魏三

1 司馬光在《進通鑑表》裏對此書的宗旨有明白的交代：“遷固以來，文字繁多，自布衣之士，讀之不徧，況人主日省萬機，何暇周覽？臣常不自揆，欲刪削冗長，舉撮機要，專取關國家盛衰，繫生民休戚，善可為法，惡可為戒者，為編年一書。”

家分晉，下至後周世宗顯德六年（公元959年），記載了從戰國到五代末年，共一千三百六十二年的歷史。

此書計有二百九十四卷，按朝代分為〈周紀〉、〈秦紀〉、〈漢紀〉等十六紀；其中〈唐紀〉所佔篇幅最多，凡八十一卷。由於採取歷史的正統觀念，所以有下列的編排：（一）三國時期只有〈魏紀〉，蜀、吳均無紀；（二）南北朝時期只有南朝的〈宋紀〉、〈齊紀〉、〈梁紀〉、〈陳紀〉，北朝的北魏、北齊、北周無紀；（三）五代十國時期只有〈後梁紀〉、〈後唐紀〉、〈後晉紀〉、〈後漢紀〉、〈後周紀〉，而沒有十國的紀。（表16）

表16《資治通鑑》的篇目和卷數

篇目	卷數	篇目	卷數
(1)〈周紀〉	5卷	(9)〈陳紀〉	10卷
(2)〈秦紀〉	3卷	(10)〈隋紀〉	8卷
(3)〈漢紀〉	60卷	(11)〈唐紀〉	81卷
(4)〈魏紀〉	10卷	(12)〈後梁紀〉	6卷
(5)〈晉紀〉	10卷	(13)〈後唐紀〉	8卷
(6)〈宋紀〉	16卷	(14)〈後晉紀〉	6卷
(7)〈齊紀〉	10卷	(15)〈後漢紀〉	4卷
(8)〈梁紀〉	22卷	(16)〈後周紀〉	5卷
			合計：294卷

《資治通鑑》的體例採用《左傳》的形式，按照年、時、月、日的次序記事。年、月以數為先後，時分春、夏、秋、冬，日以干支；時間不甚分明者，則概括地記在年終或月末。

此書又常用追敘或附敘形式，減少史實分散和割裂的現象。在敘述史事之外，且有分析，有詳論。引自他人的，皆著其名，如“班固論曰”、

“袁宏論曰”等，本人之語則用“臣光曰”。

第三節　《資治通鑑》的評價

《資治通鑑》是一部優秀的歷史巨著，具有很多特點和長處。

第一、從編纂方法說：（一）充分發揮了分工合作的集體編著精神。此書雖資眾手，但斟酌去取完全由司馬光裁決，所以如出一人，甚少自相矛盾之處。（二）採用由粗到精、由繁到簡的嚴謹方法。先寫長編，詳細羅列材料，然後再精心簡約，其敘事真確性和史料可靠性，在許多“正史”之上。

第二、從體例上說：（一）建立了編年體通史的規模。此書以編年為體，年經事緯，時間概念極為清楚；而且把斷代編年改為通史編年，成為後世編撰史書的一個典範。（二）改善了編年體的組織。此書吸收了紀傳體在寫作方面的一些優點，每遇重大歷史事件，必交代其前因後果，同一史事的材料，不再分見於多處，從而避免了一般編年體史書的弊病，如材料零碎，不相聯接等。

第三、從史料方面說：（一）取材豐富，而且考證精詳。本書所依據的材料，僅“正史”一項就有十九種，計一千五百萬文以上；此外，還參考了雜史達三百二十二種之多。[2]《資治通鑑》中不少資料，今日在別處是看不到的。（二）史料價值很高。由於《資治通鑑》考證精詳，所以史料的真實性和系統性超過很多“正史”。

第四、從內容方面說：（一）書中對歷代政治、軍事有比較詳細的記

2　據《四庫全書總目提要》。另一說為二百二十二種。

載，有時甚至比“正史”還要完備和生動；對於一些經濟制度的變革、河道水利的興修、人民生活的狀況等，也有所反映。（二）本書對歷史上的符瑞、災疫和荒誕無稽的傳説，幾乎不加記載，從而減少了過去常見於史書上的迷信色彩。

第五、從文字方面說：（一）此書本來是對古史的重新編整，其內容因出於《史記》、《漢書》諸史，無一語無所本，但又無一處完全是襲取，且有深入淺出之妙。[3] 這一原則貫徹全書，語文的通俗性，使讀者稱便。（二）本書行文生動優美，結構嚴謹，長於敘事。例如書中對赤壁之戰、淝水之戰的記述，周詳完備，有聲有色，成為膾炙人口的優秀文學作品。

不過，《資治通鑑》也存在着一些缺點。首先，立場和觀點方面，由於司馬光在政治上持保守態度，他編寫《資治通鑑》也有這種用意，希望通過歷史著述來影響當時的最高統治者，以反對王安石變法。所以在他所撰寫的史評中，強調綱紀名分，宣揚所謂“禮治”的道德決定論；又提倡維持現狀，反對任何改革。[4] 而且，《資治通鑑》是奉敕編纂的，正統觀念明顯貫徹全書，也給此書的思想內容帶來了一些缺陷。[5]

其次，編纂體例方面，《資治通鑑》的紀年方法就有可議之處。中國自漢武帝以後，每個皇帝都建元立號，在統一時代問題不大，一到分裂時期，採用哪個年號紀年就牽涉到正統的問題。如三國鼎立，《資治通鑑》只取曹

---

3 朱熹《朱子語類》：“《通鑑》文字有自改易者，仍皆不用《漢書》上古字，皆以今文代之。”

4 元代胡三省指出反對王安石推行新法，是司馬光編撰《通鑑》的次要目的。《資治通鑑音注》〈序〉：“治平、熙寧間，公者與諸人議國事相是非之日也。蕭、曹畫一之辯不足以勝變法之口。分司西京，不豫國論，專以書局為事。其忠憤感慨不能自己於言者，則智伯才德之論，樊英名實之説，唐太宗君臣之議樂，李德裕、牛僧孺爭維州事之類是也。”司馬光在《資治通鑑》的史評中，發揮了維持舊法、反對新法的見解。

5 《資治通鑑》中記了不少農民受官吏殘酷剝削、不能生活下去的情形；但當農民起來反抗時，《資治通鑑》就把他們稱為“賊”和“寇”。

魏的年號來紀年；南北朝則全用南朝年號，不但北朝事情用南朝紀年，在隋文帝開皇九年以前的事情都記在陳的年號下；既不合事實，也不方便。

此外，如一年中有先後兩個交替的時間，一年有兩三個年號，《資治通鑑》都只用後改的一個年號；例如武則天天授三年（公元692年），四月改元如意，九月改元長壽，《資治通鑑》只記長壽元年。就編書的人來說，體例劃一可省掉許多麻煩；對讀者來說，則增加了不少混亂和不便。

第四節　有關《資治通鑑》的著作

司馬光自知《資治通鑑》卷帙繁富，閱讀不易，因而另撰兩種互相配合的著作，同時奏上：(一)《資治通鑑目錄》三十卷，提挈全書綱領，以備檢覽；(二)《通鑑考異》三十卷，闡明對資料取捨的原因，可以看到司馬光考證謹嚴的手法。《考異》中保存了大量現已亡佚的材料，甚為珍貴。

《資治通鑑》的注本原有幾種，如：(一) 北宋劉安世曾作《音義》十卷，現已失傳；(二) 南宋史炤又作《通鑑釋文》三十卷，簡略粗疏；(三) 宋末元初胡三省撰《資治通鑑音注》，最為精詳，與《三國志》裴松之注齊名。

胡三省（公元1230—1302年），字身之，浙江天台人，宋理宗寶祐年間進士，曾任壽春府府學教授等職。宋亡，堅決不仕，隱居山中，從事著述。至元二十二年（公元1285年），完成《資治通鑑音注》二百九十四卷。此書用了三十年的時間，對《資治通鑑》一一作了校勘、解釋、考證，對《通鑑釋文》也作了辨誤，並聯繫時事，發表評論。他的學問集中灌注於注文之中，名物、訓詁以及地理等各方面都很精當，不但顯示了勤謹治學的精神，而且反映出他是一個富有民族氣節的學者。

另外，清初嚴衍著《資治通鑑補正》，為《資治通鑑》拾遺補缺，勘正錯誤，也有一定的參考價值。

第五節　《資治通鑑》的續編

《資治通鑑》問世以後，對史學界影響很大，不少史學家爭相仿效，從而出現了一些《資治通鑑》的續編：

（一）《續資治通鑑長編》——南宋李燾撰。原書久佚，清朝乾隆時從《永樂大典》中錄出，共有五百二十卷。此書沿《資治通鑑》體例，是北宋一代的編年史。歷時四十餘年而成，材料豐富，其中頗多早已佚失，因此是研究宋史必讀之書。

（二）《建炎以來繫年要錄》——南宋李心傳撰。此書述宋高宗一朝三十六年事跡，仿《資治通鑑》之例，編年繫目，與李燾《長編》相續。原書早已散佚，今本也是清朝乾隆時輯自《永樂大典》，凡二百卷；材料甚豐，亦為研究宋史所必讀。

（三）《資治通鑑後編》——清初徐乾學撰，一百八十四卷。內容起自宋太祖，而迄於元順帝；但因許多宋人著作當時尚未輯出，有些地方很簡略，於校勘補遺則用力頗深，尤精於輿地。

（四）《續資治通鑑》——清朝畢沅撰，二百二十卷，是宋、遼、金、元的編年史。此書就徐乾學撰《資治通鑑後編》一書加以增減，歷時二十年而成。後世以為此書出而諸家所續《資治通鑑》可廢，故與司馬光書合刻，稱為《正續資治通鑑》。此書敘事詳而不蕪，而與《資治通鑑後編》不同之處，是對史實據事直書，不加評論。

（五）《明紀》——清朝陳鶴撰，六十卷，後八卷由其孫陳克家續成。主要取材於《明史》及《明史稿》，是明朝的編年史。議論多採前人名言，並作考略；頗便查檢，但內容過於簡略。

(六)《明通鑑》——清朝夏燮撰，正編九十卷，另有前編四卷、附編六卷。體例與《明紀》相同，內容較為詳備，網羅亦較廣，保存了豐富的史料。但有輕信野史之處，而議論則採自清代官書。

總括而言，《續資治通鑑長編》和《建炎以來繫年要錄》是關於北宋歷史的資料寶庫；關於宋元歷史的編年體著作，以《資治通鑑後編》較勝一籌。《續資治通鑑》在前人基礎上纂輯增補，取得後來居上的可觀成就。明末清初談遷的《國榷》是明代編年史，因在清代被列為禁書而有散失；《明紀》過簡，《明通鑑》較為適中。在紀傳體正史之外，《資治通鑑》及其續編逐漸形成一套貫通古今的編年史，自成一個獨立的體系，在史學界的影響是很巨大的。

赤壁之戰

初，魯肅聞劉表卒，言於孫權曰："荆州與國鄰接，江山險固，沃野萬里，士民殷富，若據而有之，此帝王之資也。今劉表新亡，二子不協，軍中諸將，各有彼此。劉備天下梟雄，與操有隙，寄寓於表，表惡其能而不能用也。若備與彼協心，上下齊同，則宜撫安，與結盟好；如有離違，宜別圖之，以濟大事。肅請得奉命弔表二子，并慰勞其軍中用事者，及說備使撫表眾，同心一意，共治曹操，備必喜而從命。如其克諧，天下可定也。今不速往，恐為操所先。"權即遣肅行。

到夏口，聞操已向荆州，晨夜兼道，比至南郡，而琮已降，備南走，肅徑迎之，與備會於當陽長坂。肅宣權旨，論天下事勢，致殷勤之意。且問備曰："豫州今欲何至？"備曰："與蒼梧太守吳巨有舊，欲往投之。"肅曰："孫討虜聰明仁惠，敬賢禮士，江表英豪，咸歸附之，已據有六郡，兵精糧多，足以立事。今為君計，莫若遣腹心自結於東，以共濟世業，而欲投吳巨；巨是凡人，偏在遠郡，行將為人所併，豈足託乎！"備甚悅。肅又謂諸葛亮曰："我，子瑜友也。"即共定交。子瑜者，亮兄瑾也，避亂江東，為孫權長史。備用肅計，進住鄂縣之樊口。

曹操自江陵將順江東下。諸葛亮謂劉備曰："事急矣，請奉命求救於孫將軍。"遂與魯肅俱詣孫權。亮見權於柴桑，說權曰："海內大亂，將軍起兵江東，劉豫州收眾漢南，與曹操共爭天下。今操芟夷大難，略已平矣，遂破荆州，威震四海。英雄無用武之地，故豫州遁逃至此，願將軍量力而處之！若能以吳、越之眾與中國抗衡，不如早與之絕；若不能，何不按兵束甲，北面而事之！今將軍外託服從之名而內懷猶豫之計，事急而不斷，禍至無日矣。"權曰："苟如君言，劉豫州何不遂事之乎？"亮曰："田橫，齊之壯士耳，猶守義不辱；況劉豫州王室之胄，英才蓋世，眾士慕仰，若水之歸海。若事之不濟，此乃天也，安能復為之下乎！”權勃然曰：“吾不能舉全吳之地，十萬之眾，受制於人。吾計決矣！非劉豫州莫可以當曹操者；然豫州新敗之後，安能抗此難乎？”亮曰：“豫州軍雖敗於長坂，今戰士還者及關羽水軍精甲萬人，劉琦合江夏戰士亦不下萬人。曹操之眾，遠來疲敝，聞追豫州，輕騎一日一夜行三百餘里，此所謂‘強弩之末勢不能穿魯縞’者也。故《兵法》忌之，曰‘必蹶上將軍’。且北方之人，不習水戰；又，荊州之民附操者，偪兵勢耳，非心服也。今將軍誠能命猛將統兵數萬，與豫州協規同力，破操軍必矣。操軍破，必北還；如此，則、吳之勢強，鼎足之形成矣。成敗之機，在於今日！”權大悅，與其羣下謀之。

是時，曹操遺權書曰：“近者奉辭伐罪。旌麾南指，劉琮束手。今治水軍八十萬眾，方與將軍會獵於吳。”權以示臣下，莫不響震失色。長史張昭等曰：“曹公，豺虎也，挾天子以征四方，動以朝為辭；今日拒之，事更不順。且將軍大勢可以拒操者，長江也；今操得荊州，奄有其地，劉表治水軍，蒙衝鬬艦乃以千數，操悉浮以沿江，兼有步兵，水陸俱下，此為長江之險已與我共之矣，而勢力眾寡又不可論。愚謂大計不如迎之。”魯肅獨不言。權起更衣，肅追於宇下。權知其意，執肅手曰：“卿欲何言？”肅曰：“向察眾人之議，專欲誤將軍，不足與圖大事。今肅可迎操耳，如將軍不可也。何以言之？今肅迎操，操當以肅還付鄉黨，品其名位，猶不失下曹從事，乘犢車，從吏卒，交遊士林，累官故不失州郡也。將軍迎操，欲安所歸乎？願早定大計，莫用眾人之議也！”權歎息曰：“諸人持議，甚失孤望。今卿廓開大計，正與孤同。”

時周瑜受使至番陽，肅勸權召瑜還。瑜至，謂權曰：“操雖託名漢相，其實漢賊也。將軍以神武雄才，兼仗父兄之烈，割據江東，地方數千里，兵精足用，英雄樂業，當橫行天下，為漢家除殘去穢；況操自送死，而可迎之邪！請為將軍籌之：今北土未平，馬超、韓遂尚在關西，為操後患；而操舍鞍馬，仗舟楫，與吳、越爭衡。今又盛寒，馬無藁草，驅中國士眾遠涉江湖之間，不習水土，必生疾病。此數者用兵之患也，而操皆冒行之，將軍禽操，宜在今日。瑜請得精兵數萬人，進住夏口，保為將軍破之！”權曰：“老賊欲廢漢自立久矣，徒忌二袁、呂布、劉表與孤耳；今數雄已滅，惟孤尚存。孤與老賊勢不兩立，君言當擊，甚與孤合，此天以君授孤也。”因拔刀斫前奏案曰：“諸將吏敢復有言當迎操者，與此案同！”乃罷會。

是夜，瑜復見權曰：“諸人徒見操書言水步八十萬而各恐懾，不復料其虛實，便開此議，甚無謂也。今以實校之，彼所將中國人不過十五六萬，且已久疲；所得表眾亦極七八萬耳，尚懷狐疑。夫以疲病之卒御狐疑之眾，眾數雖多，甚未足畏。瑜得精兵五萬，自足制之，願將軍勿慮！”權撫其背曰：“公瑾，卿言至此，甚合孤心。子布、元表諸人，各顧妻子，挾持私慮，深失所望；獨卿與子敬與孤同耳，此天以卿二人贊孤也。五萬兵難卒合，已選三萬人，船糧戰具俱辦。卿與子敬、程公便在前發，孤當續發人眾，多載資糧，為卿後援。卿能辦之者誠決，邂逅不如意，便還就孤，孤當與孟德決之。”遂以周瑜、程普為左右督，將兵與備并力逆操；以魯肅為贊軍校尉，助畫方略。

劉備在樊口，日遣邏吏於水次候望權軍。吏望見瑜船，馳往白備，備遣人慰勞之。瑜曰：“有軍任，不可得委署；儻能屈威，誠副其所望。”備乃乘單舸往見瑜曰：“今拒曹公，深為得計。戰卒有幾？”瑜曰：“三萬人。”備曰：“恨少。”瑜曰：“此自足用，豫州但觀瑜破之。”備欲呼魯肅等共會語，瑜曰：“受命不得妄委署；若欲見子敬，可別過之。”備深愧喜。

進，與操遇於赤壁。

時操軍眾，已有疾疫。初一交戰，操軍不利，引次江北。瑜等在南岸，瑜部將黃蓋曰：“今寇眾我寡，難與持久。操軍方連船艦，首尾相接，可燒而走也。”乃取蒙衝鬭艦十艘，載燥荻、枯柴，灌油其中，裹以帷幕，上建旌旗，豫備走舸，繫於其尾。先以書遺操，詐云欲降。時東南風急，蓋以十艦最著前，中江舉帆，餘船以次俱進。操軍吏士皆出營立觀，指言蓋降。去北軍二里餘，同時發火，火烈風猛，船往如箭，燒盡北船，延及岸上營落。頃之，煙炎張天，人馬燒溺死者甚眾。瑜等率輕銳繼其後，雷鼓大震，北軍大壞。操引軍從華容道步走，遇泥濘，道不通，天又大風，悉使羸負草填之，騎乃得過。羸兵為人馬所蹈藉，陷泥中，死者甚眾。劉備、周瑜水陸並進，追操至南郡。時操軍兼以饑疫，死者太半。操乃留征南將軍曹仁、橫野將軍徐晃守江陵，折衝將軍樂進襄陽，引軍北還。

第十二章　鄭樵與《通志》：綜合歷代史料的通史

第一節　鄭樵生平和《通志》成書經過

《通志》二百卷，南宋鄭樵撰，是綜合歷代史料而成的通史。此書雖與《通典》、《文獻通考》並稱"三通"，列為典制通史類，實則與二書專錄典章制度不同；但"二十略"是全書精華所在，可與二書媲美。

鄭樵（公元1103 — 1162年），[1]字漁仲，南宋興化軍莆田（今福建莆田縣）人。青年時不應科舉，十六歲起即謝絕人事，在夾漈山刻苦讀書近三十年，時人稱為夾漈先生。除著述、講學外，還四出訪書，遇藏書家必借住，讀盡乃去。[2]他的治學態度十分嚴謹，注重實際調查研究，廣遊名山大川，很有司馬遷的作風。精通經史、禮樂、文字、音韻，於天文、地理、草木、蟲魚等等都有心得，是一位學識淵博的史學家。

鄭樵在紹興十九年（公元1149年）攜所著書多種至臨安，上於朝廷，高宗詔藏於秘府。數年後（紹興二十七年；公元1157年），由於侍講王綸、賀允中的推薦，得高宗召見，授以右迪功郎、禮兵部架閣的名義，但為御史所劾，改監潭州南岳廟；此後埋頭整理舊籍，貫串歷代，著為《通

1　關於鄭樵的生年，記載稍有出入，一說在北宋徽宗崇寧二年（公元1103年），一說在翌歲崇寧三年（公元1104年）；卒年一般說在南宋高宗紹興三十二年（公元1162年），也有說在前一年的。

2　鄭樵《上宰相書》說："三十年著書，十年搜訪圖書。"《報宇文樞密書》說："聞人家有書，直造其門求讀，不問其容否，讀已則罷，去住曾不吝情。"

志》，於紹興三十一年（公元 1161 年）進獻，被任為樞密院編修官，不久去世。事跡見《宋史》〈儒林傳〉。

鄭樵的著作很豐富，達八十四種之多；但流傳至今的，除代表作《通志》外，只有《夾漈遺稿》、《爾雅注》、《詩辨妄》、《六經奧論》及一些零散的文章而已。

第二節　《通志》的內容與史學觀點

《通志》仿《史記》五體，又本《晉書》為"載記"，而改"表"為"譜"，改"書"為"略"。計有本紀十八卷、世家三卷、列傳一百零八卷、載記八卷、四夷傳七卷、譜四卷、略五十二卷，共二百卷。記事大抵上起三皇，下迄隋唐；其中本紀從三皇到隋，列傳從周到隋，二十略則從遠古到唐。(表 17)

表 17《通志》內容概略

類別	卷數	卷目舉例
(1) 本紀	18	〈三皇紀〉、〈五帝紀〉、〈三王紀〉等。
(2) 世家	3	〈周同姓世家〉、〈周異姓世家〉。
(3) 列傳	108	〈后妃傳〉、〈宗室傳〉、〈外戚傳〉等。
(4) 載記	8	〈前涼、前趙載記〉、〈後趙、魏載記〉等。
(5) 四夷傳	7	〈東夷傳〉、〈西戎傳〉、〈南蠻傳〉、〈北狄傳〉。
(6) 年譜	4	〈世譜、年譜〉。
(7) 略	52	〈氏族略〉、〈六書略〉、〈七音略〉等。

此書卷帙浩繁，但主要是匯集前史，沿用舊文損益而成，新意不多。

全書的精華是二十略，分門別類記載歷代典章制度、學術文化，逐一闡述其源流演變，並提出不少新的見解。〈禮略〉、〈職官略〉、〈選舉略〉、〈刑法略〉、〈食貨略〉節錄《通典》；其餘十五略則為鄭氏多年搜討、獨出心裁之作，取材廣泛，內容豐富。如〈氏族略〉記載各個氏族的由來，〈都邑略〉述說歷代建都地點的位置、形勝及其得失，〈校讎略〉闡明整理圖書、辨章學術的方法，〈圖譜略〉指出圖表與書籍的相互參補作用，〈金石略〉擴大史料研究的範圍，〈六書略〉、〈七音略〉開啟文字、音韻之學的新途徑，〈昆蟲草木略〉搜求各種方言匯釋草木蟲魚的名稱。[3]（表 18）

表 18《通志》二十略篇目與卷數

篇目	卷數	篇目	卷數
(1)〈氏族略〉	6 卷	(11)〈職官略〉*	7 卷
(2)〈六書略〉	5 卷	(12)〈選舉略〉*	2 卷
(3)〈七音略〉	2 卷	(13)〈刑法略〉*	1 卷
(4)〈天文略〉	2 卷	(14)〈食貨略〉*	2 卷
(5)〈地理略〉	1 卷	(15)〈藝文略〉	8 卷
(6)〈都邑略〉	1 卷	(16)〈校讎略〉	1 卷
(7)〈禮略〉*	4 卷	(17)〈圖譜略〉	1 卷
(8)〈謚略〉	1 卷	(18)〈金石略〉	1 卷
(9)〈器服略〉	2 卷	(19)〈災祥略〉	1 卷
(10)〈樂略〉	2 卷	(20)〈昆蟲草木略〉	2 卷
* 內容節錄自《通典》。			合計：200 卷

3　〈氏族〉、〈都邑〉、〈昆蟲草木〉三略，其源本於《史通》〈書志篇〉。劉知幾對歷代史書設志日多頗不以為然，認為“可以為志者，其通有三焉，一曰都邑志，二曰氏族志，三曰方物志。”《通志》中的〈昆蟲草木略〉即《史通》所謂“方物”。至於〈六書〉、〈七音〉二略則本於小學。

《通志》所反映的史學思想，較為突出的一點是強調編寫史書必須貫徹“會通”的原則，以極古今之變。鄭樵主張寫通史，反對寫斷代史。書中對《史記》備加推崇，說它能會通古今；而對《漢書》以下的斷代史則多加貶抑，指責它們失去會通之道。其實通史與斷代史各有利弊，互相補充，未可偏廢，鄭氏此說，不盡允當。不過他能注意到歷史的聯繫，這對史家修史是有啟發性的。

鄭樵認為研究學問要實事求是，所以他很重視實際知識和文物、圖譜。《通志》中還發揚了劉知幾的批判精神，敢於對佔統治地位的學術思想進行批判。反對陰陽五行災祥說，稱陰陽五行為“妖學”或“欺天之學”，指出“國不可以災祥論興衰”，“家不可以變怪論休咎”。他還認為史家的責任在於真實地記載歷史，因而反對修史時任意褒貶的作風，並指責這種做法是“妄學”或“欺人之學”。鄭樵的這些主張，表現了他的進步史學思想。

第三節　《通志》的評價

《通志》共有五百多萬字，內容繁雜；而二十略貫通各史，擴大史學研究的範圍，最為後世所重視。其中〈藝文略〉是一部宋代以前的圖書分類目錄，分為十二類、百家、四百三十二種，突破了傳統的四部分類的束縛，建立了比較健全的三級分類法，在中國目錄學史上是一個進步；〈氏族略〉和〈都邑略〉等都很有用處，〈昆蟲草木略〉更為其他史書所無。後世對《通志》多所批評，而對二十略則加以讚揚，《四庫全書總目提要》認為“采摭既已浩博，議論亦多警闢，雖純駁互見，而瑕不掩瑜，究非遊談無根者可及。”評價大抵是允當的。

但《通志》中節錄《通典》的五略，僅止於唐朝天寶年間，而不補述以後的部分，學者也有批評。[4]

至於紀傳部分的內容，大多抄錄、刪改舊史，糟粕也較多，但因鄭樵在取捨史料時，注意選擇，且能融會貫通，自成體系，故亦有一定的參考價值。

後世對《通志》推崇最高的，是清代史學家章學誠，他指出鄭樵"蓋承通史家風，而自為經緯，成一家言者也。"[5] 以一人之力，而能完成這樣一部比較有系統的史學巨著，確非易事，粗疏漏失之處，自然是難免的。仿《通志》體例而續編的史書，主要有兩部，一是《續通志》，一是《清通志》。

4　馬端臨《文獻通考》說："禮及職官、選舉、刑法、食貨五者，古今經制甚繁，沿革不一。故杜岐公《通典》五者居十之八。然杜公生貞元間，故其所記述止於唐天寶。今《通志》自為一書，則天寶而後，宋中興以前，皆當陸續銓次，如班固漢志續《史記》武帝以後可也。今《通志》此五略，天寶以前，則寫《通典》全文，略無增損；天寶以後，則竟不復陸續。"

5　《文史通義》〈申鄭〉。

第十三章　袁樞與《通鑑紀事本末》：創紀事本末體

第一節　《通鑑紀事本末》的成書經過

《通鑑紀事本末》四十卷，南宋袁樞編撰，是中國第一部紀事本末體史書。袁樞（公元 1131 — 1205 年），字機仲，建州建安（今福建建甌縣）人。宋孝宗初，試禮部詞賦第一，後為禮部試官。乾道九年（公元 1173 年）出為嚴州教授，《通鑑紀事本末》即編成於此時。孝宗讀而嘉歎，遷太府丞兼國史院編修官。累遷工部侍郎兼國子監祭酒、知江陵府等職。為人守正不阿，自稱"吾為史官，書法不隱；寧負鄉人，不可負天下後世公議！"

袁樞編纂《通鑑紀事本末》，主要是為了解決閱讀《資治通鑑》的困難，方便檢尋和幫助記憶。因為《資治通鑑》是一部編年史，一件延續多年的事件，只能分開每年記述，必須翻閱幾卷才能了解事件全貌，很不方便。"樞嘗喜誦司馬光《資治通鑑》，苦其浩博，乃區其事而貫通之，號《通鑑紀事本末》。"[1] 即是說，以事件為中心，把分散的事集中起來，仍按《通鑑》的原來年次，抄上原文和司馬光的論；袁樞只是標上題目，自己不加一句話。看來容易，其實需要相當的功力，因為首先要熟悉《通鑑》的內容，而發凡起例更須具備史學見識。袁樞編纂此書大約只用了兩

1　《宋史》〈袁樞傳〉。

年的時間，但應相信這是他多年熟讀《通鑑》的成果。[2]

第二節 《通鑑紀事本末》的內容編排

《通鑑紀事本末》的內容始於三家分晉，終於周世宗征淮南，總括了戰國至五代長達一千三百六十餘年史事，凡四十二卷（每卷又多分上下，合子卷共為八十二卷），並分為二百三十九目，連同附錄的六十六事，總共記了三百零五件大小事情。（表19）

表19《通鑑紀事本末》內容概略

時期	篇目舉例	篇目數目
（1）戰國及秦	〈三家分晉〉、〈秦併六國〉、〈豪傑亡秦〉	3
（2）兩漢時期	〈高帝滅楚〉至〈袁紹討公孫〉等	43
（3）魏晉時期	〈曹氏篡漢〉至〈魏滅仇池〉等	62
（4）南北朝時期	〈劉裕篡晉〉至〈隋滅陳〉等	43
（5）隋唐時期	〈隋易太子〉至〈朱溫取淄青〉等	65
（6）五代時期	〈朱溫篡唐〉至〈世宗征淮南〉等	23

由於每事各立標題，按年代順序抄錄《通鑑》原文，首尾完備，自成一篇，所以此書的重要性在其標目，分卷的意義不大。從這二百三十九條題目所慣用的字眼，例如“平”、“據”、“滅”、“叛”、“亂”、“篡”、“討”等，可以看到袁樞充滿了正統王朝的思想。

2 參柴德賡《史籍舉要》，頁192。袁樞從甚麼時候開始編纂《通鑑紀事本末》，並無明文記載，李宗鄴《中國歷史要籍介紹》認為“大約在他中進士以後，才有餘力從事著述，至少費了十年左右時間。”（頁346）

此書的分量，約為《資治通鑑》的二分之一。從史料價值上說，本書完全沿用《通鑑》的資料，而內容亦不能不局限於政治活動方面，自然無法稱許。但從史籍的編纂方法言，袁樞別開生面地編成此書，創造了一種新的規格，單是這一點就已經突破了前人，不能純粹視為一部"抄"成的著作。

第三節　紀事本末體的價值

中國史籍的體例，在宋以前不外編年與紀傳二體。這兩種撰史方法雖各有長處，但也有缺點。《四庫全書總目提要》指出，編年體以年為經，"或一事而隔越數卷"，以致"首尾難稽"；紀傳體以人為主，"或一事而復見數篇"，致使"賓主莫辨"。至南宋《通鑑紀事本末》出，始有紀事本末一體，以記述事件始末為主；至此史體遂備。

紀事本末體的體例，《四庫全書總目提要》指出："區別門目，以類排纂，每事各詳起訖，自為標題；每篇各編年目，自為首尾。"因此每個歷史事件，"前後始末，一覽了然。遂使紀傳編年貫通為一，實前古之所未見也。"換言之，是在編年、紀傳之外，另行創造了一種新的體裁。它的好處，正如《文史通義》所言："文省於紀傳，事豁於編年。"在《通鑑紀事本末》以後，《運用這種形式編寫史書的人很多，出現了不少著作，從而使紀事本末體史籍自成一個系統。

不過，紀事本末體史書在記載史事時，往往把史事孤立起來，各題之間缺乏內在的聯繫，這是它的一大缺點。

第四節　其他紀事本末體史籍

在袁樞《通鑑紀事本末》的影響下，明清時期產生了十多種紀事本末體史籍。明代有陳邦瞻的《宋史紀事本末》和《元史紀事本末》; 清代有張鑑的《西夏紀事本末》，李有棠的《遼史紀事本末》和《金史紀事本末》，谷應泰的《明史紀事本末》，楊陸榮的《三藩紀事本末》，高士奇的《左傳紀事本末》，李銘漢的《續通鑑紀事本末》。此外，還有近人黃鴻壽的《清史紀事本末》。(表 20) 茲簡介如下：

表 20 紀事本末體史籍一覽

書名	編撰者	卷數
《通鑑紀事本末》	宋・袁樞	42
《宋史紀事本末》	明・陳邦瞻	26
《元史紀事本末》	明・陳邦瞻	27
《西夏紀事本末》	清・張鑑	36
《遼史紀事本末》	清・李有棠	40
《金史紀事本末》	清・李有棠	52
《明史紀事本末》	清・谷應泰	80
《三藩紀事本末》	清・楊陸榮	4
《左傳紀事本末》	清・高士奇	53
《續通鑑紀事本末》	清・李銘漢	110
《清史紀事本末》	近人・黃鴻壽	80

(一)《宋史紀事本末》——明朝陳邦瞻據馮琦遺稿增訂而成，二十六卷，一百零九目，張溥補撰論斷。此書循袁樞《通鑑紀事本末》體例，輯

錄宋代大事，頗有條理，可補《宋史》原書蕪雜之弊；惟考訂不精，往往沿襲《宋史》紀事的錯誤。

（二）《元史紀事本末》——明朝陳邦瞻撰，臧懋循補輯，張溥補撰論斷。二十七卷，每卷一事，側重記述元朝成敗與各種制度。作者把元軍滅宋以前的史事屬宋，明軍滅元史事歸明，所據又不出《元史》及商輅等所撰《通鑑綱目續編》範圍，故內容簡略，較《宋史紀事本末》遜色。

（三）《西夏紀事本末》——清代張鑑撰。三十六卷，每卷一事，卷首附圖表二卷。輯錄宋、遼、金、元諸史有關西夏的資料，排比而成此書。間有"考異"之類的按語，但較粗略。

（四）《遼史紀事本末》——清代李有棠撰。四十卷，每卷一事。據《遼史》所載，兼採宋、金、元各史及傳記、文集等書；並考證其異同，各為"考異"，附於正文之下。

（五）《金史紀事本末》——清代李有棠撰。五十二卷，每卷一事。據《金史》所載，兼採遼、宋、元三史及傳記、文集等書；並考證其異同，各為"考異"，附於正文之下。

（六）《明史紀事本末》——清代谷應泰撰。八十卷，每卷一題。此書較清代官修《明史》早出八十年，多據私家野史，能集眾家之長，但記載亦多有出入。有關成祖設立三衛、進軍漠北以及宦官專權，沿海倭寇、議復河套等問題，較《明史》為詳；關於建州之記載，為《明史》所不錄。

（七）《三藩紀事本末》——清代楊陸榮撰。四卷，分二十二事，記南明弘光、隆武、永曆三帝史事，及清軍進攻南明政權的經過。此書內容簡略，人物、地點和時日都有不少錯誤。

（八）《左傳紀事本末》——清代高士奇撰，五十三卷。以南宋章沖《春秋左氏傳事類始末》為基礎，把列國事跡依事命題；又採先秦兩漢有關典籍，作為"補逸"、"考異"、"辨誤"等，附於正文之下。

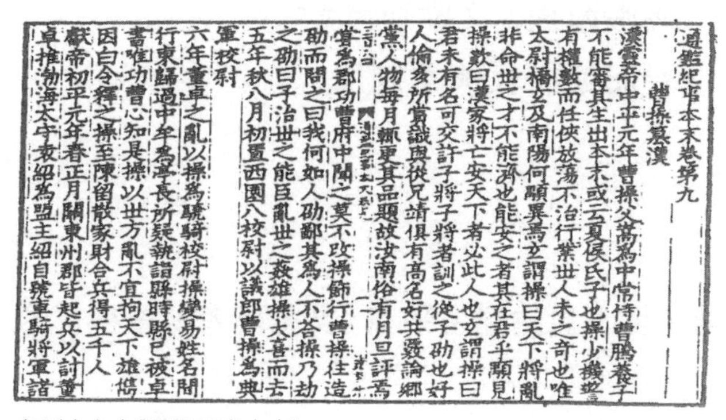
通鑑紀事本末卷第九
曹操篡漢
漢靈帝中平元年曹操父嵩為中常侍曹騰養子
不能審其生出本末或云夏侯氏子也操少機警
有權數而任俠放蕩不治行業世人未之奇也唯
太尉橋玄及南陽何顒異焉玄謂操曰天下將亂
非命世之才不能濟也能安之者其在君乎顒見
操歎曰漢家將亡安天下者必此人也玄謂操曰
君未有名可交許子將子將者訓之從子劭也好
人倫多所賞識與從兄靖俱有高名好共覈論鄉
黨人物每月輒更其品題故汝南俗有月旦評焉
嘗為郡功曹府中聞之莫不改操飾行曹操往造
劭而問之曰我何如人劭鄙其為人不荅操乃劫
之劭曰子治世之能臣亂世之姦雄操大喜而去
五年秋八月初置西園八校尉以議郎曹操為典
軍校尉
六年董卓之亂以操為驍騎校尉操變易姓名間
行東歸過中牟為亭長所疑執詣縣時縣已被卓
書唯功曹心知是操以世方亂不宜拘天下雄儁
因白令釋之操至陳留散家財合兵得五千人
獻帝初平元年春正月關東州郡皆起兵以討董
卓推勃海太守袁紹為盟主紹自號車騎將軍諸

宋刊大字本《通鑑紀事本末》

（九）《續通鑑紀事本末》——清代李銘漢撰，一百卷。據畢沅《續資治通鑑》編纂，分為一百一十事，以繼袁樞《通鑑紀事本末》。刊於光緒帝三十二年（公元 1906 年）。

（十）《清史紀事本末》——近人黃鴻壽撰，八十卷。每卷一事，記滿洲族興起至宣統時史事。據《東華錄》，兼採傳聞，持可信者取、不可信者則捨的態度，因成書較早，未能利用《清實錄》等資料，內容頗有失誤之處。1915 年由上海文明書局出版。

總括而言，自袁樞創制《通鑑紀事本末》以來，紀事本末體史書代有續作，逐漸形成一套完整系列，從上古直到清代都包括在內，儼然與紀傳體正史和編年體史書鼎足而三。由於紀事本末體史書多數是根據某一部或兩部史書加以改編而成，只有少數是編者自己採集史料從頭編纂的，所以其史料價值當作別論。紀事本末體史書的重要性，是增加了一種便於閱覽的體裁形式。

第十四章　馬端臨與《文獻通考》：記述歷代典章制度

第一節　馬端臨生平和《文獻通考》著書目的

宋末元初馬端臨撰《文獻通考》，是繼《通典》、《通志》之後，規模最大的一部記述歷代典章制度的著作。

馬端臨（約公元1254—1323年），饒州樂平（今江西樂平）人，字貴與。咸淳年間，漕試第一。其父馬廷鸞曾任史官，宋末官至右丞相，後因反對賈似道，被排擠去職，馬端臨亦隨父回原籍家居。元軍攻陷南宋國都臨安時，他才二十三歲。南宋亡後，他一直隱居不仕，致力於《文獻通考》的編撰。至元二十六年（公元1289年），其父去世，馬端臨始出任慈湖、柯山兩書院山長，後又作過三個月的台州儒學教授，以病辭歸，卒於家。馬端臨的著作尚有《多識錄》、《義根守墨》、《大學集傳》等，均已失傳。由於《宋史》、《元史》都沒有給他立傳，故其事跡不甚可考。[1]

《文獻通考》的編撰時間，始於至元二十二年（公元1285年）前後，到大德十一年（公元1307年）全書才告完成，整整用了二十多年的時間。但馬端臨無力把這部巨著刊印出來。過了十一年，元朝派道士王壽衍到江南訪求"有道之士"，儒學教授楊某向王壽衍推薦馬端臨，王壽衍將《文獻通考》抄呈朝廷，元仁宗敕命官為雕板，並令馬端臨攜原稿親赴

1　《南宋書》和《新元史》有馬端臨傳，但記事不過百字左右；《元史類編》和《宋元學案》中的小傳，為《新元史》所依據，內容也很簡略。幸《文獻通考》的〈進書表〉和〈抄白〉以及清初修的《樂平縣志》中保存了幾點有關的材料。

校勘。馬端臨整整用了三年時間，才把這部書校勘完畢。至治二年（公元 1322 年），《文獻通考》終於刊行。

馬端臨著《文獻通考》的目的，他在〈自序〉中反覆説明，一方面為續補杜佑《通典》天寶以後的事跡，一方面要配補司馬光的《資治通鑑》；其述記體裁略如紀傳體史書中的紀和志。[2]

第二節　《文獻通考》的內容和編纂方法

本書記載從上古到宋寧宗嘉定末年典章制度的沿革，分為二十四考，每考再分子目，合共三百四十八卷。其中十九考是沿襲《通典》而詳加增補的，例如〈田賦〉、〈錢幣〉、〈戶口〉等八考是從〈食貨典〉析出；〈選舉〉、〈學校〉二考從〈選舉典〉析出；〈輿地考〉是〈州郡典〉的改稱；〈四裔考〉是〈邊防典〉的改稱等等。另有五考為馬端臨自創：一、〈經籍考〉採錄歷代各種書目；二、〈帝系考〉敘述歷代帝王姓氏出處及其統治時期；三、〈封建考〉敘述歷代封爵建國事略；四、〈象緯考〉敘述歷代天象情況；五、〈物異考〉敘述歷代各項事物災異變化。（表 21）

2　《文獻通考》〈自序〉：“《詩》、《書》、《春秋》之後，惟太史公號稱良史，作為紀、傳、書、表，紀傳以述理亂興衰，八書以述典章經制，後之執筆操簡牘者，卒不易其體。然自班孟堅而後，斷代為史，無會通因仍之道，讀者病之。至司馬溫公作《通鑑》，取千三百餘年之事跡，十七史之紀述，萃為一書，然後學者開卷之餘，古今咸在。然公之書，詳於理亂興衰，而略於典章經制。……唐杜岐公始作《通典》，肇自上古，以至唐之天寶，凡歷代因革之故，粲然可考。……天寶以後，蓋闕焉。有如杜書綱領宏大，考訂該洽，固無以議為也；然時有古今，述有詳略，則夫節目之間，未為明備，而去取之際，頗欠精審，不無遺憾焉。”

表 21《通典》與《文獻通考》的比較

《通典》	《文獻通考》
(1)〈食貨典〉……………………12 卷	(1)〈田賦考〉……………………7 卷 (2)〈錢幣考〉……………………2 卷 (3)〈戶口考〉……………………2 卷 (4)〈職役考〉……………………2 卷 (5)〈征榷考〉……………………6 卷 (6)〈市糴考〉……………………2 卷 (7)〈土貢考〉……………………1 卷 (8)〈國用考〉……………………5 卷
(2)〈選舉典〉……………………6 卷	(9)〈選舉考〉……………………12 卷 (10)〈學校考〉……………………7 卷
(3)〈職官典〉……………………22 卷	(11)〈職官考〉……………………21 卷
(4)〈禮典〉……………………100 卷	(12)〈郊社考〉……………………23 卷 (13)〈宗廟考〉……………………15 卷 (14)〈王禮考〉……………………22 卷
(5)〈樂典〉……………………7 卷	(15)〈樂考〉……………………21 卷
(6)〈兵典〉……………………15 卷	(16)〈兵考〉……………………13 卷
(7)〈刑典〉……………………8 卷	(17)〈刑考〉……………………12 卷
	(18)〈經籍考〉……………………6 卷 (19)〈帝系考〉……………………10 卷 (20)〈封建考〉……………………18 卷 (21)〈象緯考〉……………………17 卷 (22)〈物異考〉……………………20 卷
(8)〈州郡典〉……………………14 卷	(23)〈輿地考〉……………………9 卷
(9)〈邊防典〉……………………16 卷	(24)〈四裔考〉……………………25 卷
合計：九門，200 卷	合計：二十四考，348 卷

本書的編纂方法，有其獨到之處。〈自序〉中清楚說明了“文”、“獻”、“注”三個編寫原則和方法：（一）“文”就是敘事，亦即所採取的史料，是本於經史而參以歷代會要及百家傳記，“信而有徵者從之，乖異傳疑者不錄。”（二）“獻”就是論事，也就是對歷史現象、歷史事件、歷

史人物的批評；所據以為論者先取當時臣僚的奏疏，次及歷代人物的評論意見，以至稗官的記錄等，“凡一話一言，可以訂典故之得失，證史傳之是非者，則採而錄之。”（三）“注”就是附注意見，“其載諸史傳之記錄而可疑，稽諸先儒之論辨而未當者，研精覃思，悠然有得，則竊著己意，附其後焉。”書名《文獻通考》，即由此而來。

第三節　《文獻通考》的評價

《文獻通考》除以《通典》為藍本外，兼採經史、會要、傳記、奏疏、論議及其他資料，擴大和補充其內容，重新編纂成書。其內容比《通典》更廣泛，門類也較《通典》分得精密。例如敘述經濟方面，《通典》只立〈食貨〉一門，《文獻通考》則分為〈田賦〉、〈錢幣〉等八考，為研究歷代經濟史提供了更大的方便。

同時，本書各考，既能抓住主要問題進行記述，在記述有關典章制度的沿革時又能按時間的先後順序加以編排，並注意表現其變化的不同階段。如書中將商鞅變法和楊炎兩稅法的施行，作為田賦制度演變的標誌；又把飛券、交子、會子，作為紙幣制度演變的標誌。

另外，本書還能憑借豐富的資料，新立門類，對一些典章制度的沿革加以敘述。

《文獻通考》的優點，並不止於此。馬端臨在蒙古人高壓統治下的元朝編著此書，一方面懷念故國山河，一方面又憤恨南宋當政者貪污腐化導致亡國之禍，所以書中對兩宋時期腐敗黑暗的統治，往往有不留餘地的暴露。[3] 雖然就簡明扼要、首尾一貫而言，本書遜於《通典》，但其史料價值不僅高於《通志》，而且也超過了《通典》。[4]

總括而言，《文獻通考》的價值可以歸納為以下幾點：

第一，補《通典》之不足。《通典》以精密見稱，《文獻通考》以博通為長，各有獨到之處，而又互相補足。明清以來的史學家，對《文獻通考》都比較重視。

第二，取材廣博，網羅宏富。中唐以後，尤其是宋代部分，所搜集的史料相當豐富，其中有不少為《宋史》所無。

第三，編纂方法承先啟後。此書重視文、獻、注三者結合為一，把經過考證的材料分門別類，按時間順序排比；每門之前各有小序，各條之後夾有前人及宋儒的議論；末尾附有按語，説明作者自己的見解。既吸取了前人修史的經驗，又開創了後世歷史考證學的先河，影響非常深遠。

第四，史學思想的進步。對於杜佑、鄭樵等人的史學思想，馬端臨也有所繼承和發展。例如《通典》首列〈食貨典〉，《文獻通考》繼承了這種重農思想，再加以細分，並以田賦為首，內容上也更詳細。

《文獻通考》問世以後，代有續作，如《續文獻通考》、《清文獻通考》等，合為一套前後連貫而有系統的文化史料匯編。

---

3 例如〈田賦考〉指出湖田圩田之“利己困民”，〈征榷考〉指出行鹽法“而州縣之橫斂起”等。

4 《四庫全書總目提要》：“大抵門類既多，卷繁帙重，未免取彼失此。然其條分縷析，使稽古者可以案類而考。又其所載宋制最詳，多《宋史》各志所未備，案語亦多能貫穿古今，折衷至當。雖稍遜《通典》之簡嚴，而詳贍實為過之，非鄭樵《通志》所及也。”

第十五章　明末清初：劃時代的史學著作

第一節　黃宗羲與《明儒學案》

一、《明儒學案》：明代學術史專著

黃宗羲（公元1610—1695年），明末清初浙江餘姚人，字太沖，號南雷，又號梨洲，學者稱為梨洲先生。其父黃尊素是明末東林黨的著名人物，後來被宦官魏忠賢害死。黃宗羲在青年時期，就曾參與復社反宦官權貴的鬥爭。清兵南下時，他組織義軍抗清。明亡以後，專心從事著述，累拒清廷徵召。他學識淵博，上下古今，天文地理，九流百家，無不精研，著有《明夷待訪錄》、《南雷文定》、《明儒學案》等書多種，後人編有《黃梨洲文集》。黃宗羲與顧炎武、王夫之並稱明末清初三大思想家，對史學亦多有貢獻。

《明儒學案》採集明代學者二百餘人的文集和語錄，辨別其學術宗派，分為十九個學案，並逐一加以敘述，是研究明代學術思想史的重要著作。此書共六十卷，卷首〈師論〉一篇，簡要介紹方孝孺等二十餘人的學術思想，類似全書總論。其下為各學案，依歷史發展順序分作三個時期：(一) 初期以程朱之學為主，陸象山二派次之，故立崇仁（吳與弼）、河東（薛瑄）、白沙（陳獻章）等學案。三原學案一派雖出河東薛氏，但又不盡相同，是其"別派"。(二) 中期專述王學，首立姚江學案，敘述王守仁的學術思想；以下分立浙中、江右等學案，皆冠以"王門"二字，以見其傳授的系統。另有三派雖出於王學，但各有其宗旨，已不同於王學，故別立

學案以示區別，而學案上亦無“王門”二字。(三) 末期立東林、蕺山兩學案，前者以顧憲成、高攀龍為首，後者僅劉宗周一人。此外，在中期與末期之間，另立諸儒學案，記述各學派以外的重要學者，如方孝孺等。

書中每介紹一個學派，先有小序述其淵源流別，概括要旨；代表學者都有小傳，扼要介紹其生平經歷、著作思想及學術傳授，然後是著作或語錄選輯，間中亦有作者的見解。

本書成於康熙十五年 (公元 1676 年)。在此以前，敘述學術思想的書籍，雖有宋代朱熹的《伊洛淵源錄》等，但都不是有組織、有系統的專著。因此《明儒學案》可以說是中國第一部學術思想史的著作，對後世影響甚大。其編纂體例，為後世史家所仿；取材的精慎，亦為學者所稱許。梁啟超《清代學術概論》指出：“清代學術之祖當推宗羲，所著《明儒學案》，中國自有學術史，自此始也。”作者在記述各種學派時，所持態度比較客觀，尚能尊重事實，而不加解說，也是值得稱讚的。但書中沒有介紹明代重要的思想家李贄，對東林黨人的評價過高等，是其缺點。

欽定四庫全書
明儒學案卷五
餘姚 黃宗羲 撰
崇仁學案二
文敬胡敬齋先生居仁
胡居仁字叔心饒之餘干人學者稱為敬齋先生弱冠時奮志聖賢之學遊康齋吳先生之門絕意科舉築室梅溪山中事親講學之外不干人事久之欲廣聞見適
欽定四庫全書 明儒學案 卷五 二
閩歷浙入金陵從彭蠡而返所至訪求問學之士歸而與鄉人婁一齋羅一峯張東白為會於弋陽之龜峯餘干之應天寺提學李齡鍾城相繼請主白鹿書院諸生又請講學貴溪桐源書院淮王聞之請講易於其府王欲梓其詩文辭曰尚需稍進先生嚴毅清苦左繩右矩日立課程詳書得失以自考父病嘗糞以驗其深淺兄出則迎候於門有疾則躬調藥飲執親之喪水漿不入口哀毀骨立非杖不能起三年不入寢室動依古禮不

清《四庫全書・明儒學案 (卷五)》

二、《宋元學案》：宋元學術史專著

《宋元學案》，黃宗羲、黃百家父子及全祖望撰。本書成於《明儒學案》之後。當黃宗羲修完《明儒學案》時，已年近七十，而猶壯志未衰，續修《宋元學案》，發凡起例，寫成〈序錄〉，但僅成十七卷而卒。其子黃百家接著續修，也沒有寫成。到乾隆年間，史學家全祖望（公元1705 — 1755年）立志完成此書，遂從乾隆十一年（公元1746年）起，以十年時間加以補修，始成初稿。全祖望手撰之稿，約佔全書十分之七。後來經黃宗羲玄孫黃稚圭及其子黃平黼整理補充，編成八十六卷；付刻時王梓材再加校訂，並按全祖望〈敘錄〉中所定百卷之數予以補足，最後於道光十八年（公元1838年）成書。

《宋元學案》共一百卷，是綜述宋、元兩代七百年間學術思想發展的專著。書中按照不同學派，列為九十一個學案，每個學案先列一表，備舉師友弟子，以明其學術淵源及傳授統系；其次為小傳，敘述案主生平、著作和思想；末後附載遺聞軼事及後人評論。

此書不以學術思想定於一尊，對各派各家一視同仁，而且不輕下主觀的批評，在編纂體例上較《明儒學案》為優。而且記述的學者達二千多人，有的較正史為詳，有的為正史所無，實為研究宋、元學術思想史的重要資料。但有些學案的記載過於簡略，在材料平均及充實方面不及《明儒學案》。

第二節　顧炎武與《日知錄》

顧炎武（公元1613 — 1683年），明末清初江蘇崑山人，初名絳，字寧人，學者稱為亭林先生。少年時曾參加復社反宦官權貴的鬥爭，抨擊明

朝的弊政。清兵南下時，參加抗清起義；失敗以後，遍遊山東、河北、山西、陝西、河南等地，訪問風俗，採訪遺聞，尤致力於對邊防和西北地理的研究。他始終抗拒清廷的徵召，晚年卜居華陰，卒於曲沃。其學問廣博，對國家典制、都邑掌故、天文輿地以及經史百家、音韻訓詁等，均有深湛研究，是清代樸學的開山祖師。其治學主"經世致用"，治史則對制度文物及地理沿革進行考訂。著有《日知錄》、《天下郡國利病書》、《顧亭林詩文集》等。

《日知錄》三十二卷，是顧炎武一生研究學問的結晶，他在〈自序〉中說："自少讀書，有所得，輒記之；其有不合，時復改定。或古人先我而有者，則遂削之。積三十餘年，乃成一編。"從體例上看，這是一種讀書筆記，作者把平日的讀書心得隨時記下，歸納論證，所以大多是考據文字；所涉及的問題，則非常廣泛，包括政治、軍事、經濟、哲學、宗教、歷史、法律、經學、文學、藝術、語言、文字、典章制度、天文地理等等。

本書不分門類，但編次先後，略以類從。照顧炎武所言，大抵"上篇經術，中篇治道，下篇博聞"。作者每論一事，必詳其始末，參以佐證，然後著筆，所以引據浩繁，資料豐富。在考證方法上對後世學者有較大影響，但並非為考據而考據，而是在考據中寄托了他的政治理想。尤為值得重視的是，書中對歷代史書、史家及各種史體的長短得失，都有所論述，具體表達了作者的史學見解。

清閻若璩《潛邱札記》曾對《日知錄》作過補正，揚寧、沈彤、錢大昕等對此書均有校訂，黃汝成著《日知錄集釋》，尤為精審。近人黃侃據傳鈔本，著《日知錄校記》。

第三節　王夫之與《讀通鑑論》

王夫之（公元 1619 — 1692 年），明末清初湖南衡陽人，字而農，號薑齋，晚年定居衡陽石船山，世稱船山先生。明亡以後，曾參加抗清鬥爭，失敗後隱居於深山僻壤，刻苦鑽研，從事著述達四十年。他對天文、地理、曆法、數學等都有研究，尤精於經學、史學和文學，對後世學者影響很大。著作有百多種，後人輯為《船山遺書》，其中《讀通鑑論》和《宋論》[1]，對秦代以後的社會歷史作了系統的分析和評論，是他的史學代表作。

《讀通鑑論》成書於康熙二十六年（公元 1687 年）。共三十卷，計秦史一卷、兩漢史八卷、三國史一卷、兩晉史四卷、南北朝史四卷、隋史一卷、唐史八卷、五代史三卷。每卷根據《資治通鑑》所列帝王世系分為若干篇，選擇歷史事件和人物加以析論，有關史實皆略而不載。末附〈敘論〉四篇，闡明著書宗旨。

王夫之親身經歷了明末清初社會的巨變，對當時社會的弊病有深切的感受。他撰寫本書，目的在於探求歷史的成敗得失，作為認識和改造現實的借鑑。因此他用評論歷史的形式，來表達自己的政治主張和歷史觀點；而他所評論的歷史實例，都是針對明末清初各種社會政治問題的。舉例來說，他鑑於明末黨爭誤國，所以書中涉及前代黨爭，都反復貶斥，以為“朋黨不禁，士氣不端，國是終不可立。”在論帝王統治時，竭力反對申、商的法治，而讚美法簡刑輕、不察小過、“以柔道行之”的統治方法。

《讀通鑑論》的主要成就，在於對重要的歷史事件提供了一定的看法，而這些看法都是從具體的史實中分析得來的。作者在〈敘論〉中一開

1　《宋論》十五卷，是專評宋代史事的史論著作，其體裁和觀點，均與《讀通鑑論》相同。書中除末卷外，基本上每帝一卷，每卷選擇若干歷史事件和人物，加以分析評論。內容對宋代統治者多所指責，評論大多切中時弊。

頭就反對正統觀念。指出天下不是一家人所能私有的，討論天下事要遵循天下的公議。這種觀點明顯地具有反封建的性質。作者還試圖總結社會發展的法則，認為歷史是發展變化的，郡縣制代替封建制是“勢之所趨”。這種講“勢”的歷史發展觀念，更為他的史論增添了許多異彩。

第四節　顧祖禹與《讀史方輿紀要》

顧祖禹（公元 1631 — 1692 年）是明末清初傑出的歷史地理學家，江蘇無錫人，字瑞五，號景范，因常居無錫城東的宛溪，學者稱為宛溪先生。清兵入關時，年方十四，隨父徙居常熟虞山；因家境窮困，很早就為塾師。從公元 1659 年起，在教書之餘，開始撰寫《讀史方輿紀要》，以期對恢復明朝的統治有所幫助。晚年應徐乾學之聘，參與編修《大清一統志》，與閻若璩等同在京師志局，但謝絕徐乾學薦舉，書成又不肯列名。顧祖禹畢生精力都貫注於撰寫《讀史方輿紀要》，他參考了二十一史及百多種地方志，總結前人的知識，再加上自己實際調查所得的珍貴材料，直到臨終前始寫成，前後歷時三十餘年。

《讀史方輿紀要》一百三十卷，附〈輿圖要覽〉四卷，凡二百八十多萬字，是一部規模宏大的歷史地理專著。內容可以分為三個部分：（一）前九卷為歷代州域形勢，起自唐虞，終於明代。（二）其次一百一十四卷，以明代南北直隸、十三布政使司的行政區劃為單位，分別加以敘述。每一區域，都先冠以總序，述疆域建置、沿革和山川形勢的險要；次附地圖；其後則為正文，分別按府、州、縣為綱，逐一敘述其疆域、沿革、城邑、山川、關隘、古跡以至於橋樑、驛站等，而在專述某個城邑或山川時，往往也附帶提及有關的城邑山川情況。（三）末後七卷，總述山川、漕河、海道及分野。

書中凡頂格寫的是正文，低一格寫的是注，夾行寫的小字是注中的注。各卷論述，均採用朱熹寫《通鑑綱目》的辦法[2]，自撰綱要，自為作注。編寫體裁，獨創一格；歷代州域，以朝代為經，地理為緯；京省形勢，則以地理為經，朝代為緯。經緯互持，縱橫並立，構成一部眉目清晰、體例新穎的輿地著作。此外，卷首有〈總序〉三篇，敘述寫作目的；凡例二十六條，概述全書要旨。

《讀史方輿紀要》對於歷代都邑形勢、山川險要、戰守事跡、河渠水利等等，都能貫串古今，作精密的論述，取材審慎，記載亦詳，對前人的差錯多所訂正，極便應用。本書與歷來輿地志書最大不同之處，是具有濃厚的軍事地理特色，因此對於山川險易、古今用兵戰守攻取之宜、興亡成敗之跡，敘述頗為詳盡；而對於景物遊覽之勝，則多所從略。這對於古代用兵及研究古代軍事史有很大的幫助。但本書也有不少缺陷，例如作者把明亡的原因歸結為當事者不明山川形勢，顯然是不正確的；同時，因作者以明代遺臣自居，因此明代嘉靖以後的事項記載頗為簡略，而對清初情況則絕口不談，在一定程度上影響了本書的參考價值。

2　《通鑑綱目》五十九卷，卷首凡例一卷，南宋朱熹撰，由其門人趙師淵幫助編成。此書根據司馬光的《資治通鑑》，提綱絜領，成一簡編；每條以提要為“綱”，敘述為“目”，由是創“綱目體”。

第十六章　乾嘉時期：清代三大考史名著

第一節　錢大昕與《廿二史考異》

錢大昕(公元1728—1804年)，清代江蘇嘉定(今上海市嘉定縣) 人，字曉徵，一字辛楣，號竹汀。乾隆進士，選翰林院庶吉士。累官少詹事、廣東學政，歷充《熱河志》、《續文獻通考》、《續通志》、《一統志》纂修官及山東、湖南、浙江、河南主考官。四十八歲時，丁父憂，辭官歸里，從此不再出仕，先後主講鐘山、嫛東、紫陽等書院二十餘年。其學問淵博，兼通眾藝，而尤精於史部，對於史事考證，態度嚴肅認真。一生著書甚多，除《廿二史考異》外，還有《十駕齋養新錄》、《元史氏族表》、《潛研堂文集》等多種，是清代著名的史學家、音韻學家和金石學家。

《廿二史考異》所考二十二史，是指二十四史中除去《舊五代史》和《明史》以外的二十二種"正史"。作者在〈序〉中說："二十二家之書，文字煩多，義例糾紛。輿地則今昔異名，僑置殊所；職官則沿革迭代，冗要逐時。欲其條理貫串，瞭如指掌，良非易事。"因此立意仿《通鑑考異》體例，編輯本書，對二十二史及其注釋進行校勘和考釋。他從乾隆三十二年(公元 1767 年) 起，將多年考史所得整理編纂，歷十餘年完稿，但延至嘉慶元年 (公元 1796 年) 始校刻成書。

《廿二史考異》共一百卷，特別注重文字校勘和名物訓詁，重點則在考訂年代、官制、地理沿革和遼金國語、蒙古世列等。所釋各條，都是史書中的一些具體問題，例如指出史書記載的前後矛盾及與他書抵牾之處，訂正文字衍訛、訓注不當及古今異同，對於文字音韻也時加注釋。由於作者學問淵博，在考證時，不但以史證史，而且還以經證史及以金石銘文等考古材料訂正史書記載，甚至根據音韻學訓讀史書文字，故能考訂出廿二史中不少差錯。不過，本書亦僅限於考核具體史實，未能充分表明作者的歷史見解。其考證方法，與同時代人相比雖有獨到之處，但仍帶有很大的局限性，例如書中不能從原作者的世界觀和方法觀分析其記載是否如實，所以考訂出來的結論，有時未能徹底解決問題，有時則有些錯誤。

唐書九　　廿二史攷異四十九
錢大昕學
方鎭表五
至德元載置淮南節度使　以高適爲之
領揚楚滁和壽廬舒光蘄安黃申沔十三州治揚州壽
以光州隸淮西　此當書郡名乾元以後乃改稱州
耳東川節度領梓遂等州江東領杭州亦當稱郡名
又按方鎭表弟四是年置淮南西道節度使領義陽
弋陽潁川滎陽汝南五郡義陽卽申州也當云尋以
光申二州隸淮西淮南所領止十一州耳
攷異　唐書九　一
二載置江東防禦使　是歲八月以崔渙爲江東採訪
防禦使按韋陟傳永王兵起授御史大夫江東節度
使其與來瑱高適同盟載書稱淮西節度使瑱江東
節度使陟淮南節度使適是江東置節度亦在至德
二載表何以不書
乾元元年置浙江西道節度兼江寧軍使治昇州尋徙
治蘇州　按舊本紀是年三月江南置節度使不言
治所亦不知除授何人十二月以昇州刺史韋黃裳
爲蘇州刺史浙西節度使此浙西節度治蘇州之證
黃裳旣自昇移蘇或在昇時已領節度故表云治昇

《廿二史考異》（卷四十九・唐書九）（清光緒二十年廣雅書局刻本）

第二節　王鳴盛與《十七史商榷》

王鳴盛（公元1722—1797年），清代江蘇嘉定（今上海市嘉定縣）人，字鳳喈，號西莊，晚年改號西沚居士。乾隆時中進士，授翰林院編修，官至內閣學士兼禮部侍郎，出為福建鄉試主考官，旋遷光祿寺卿。後丁母憂，解官居蘇州，不復出仕。其後三十年間，閉門讀書，以賣文為生，不與當道應酬。他年青時期研治經義，致仕後轉而治史，《十七史商榷》是他畢生精力的結晶；晚年將考證所得，編為《蛾術編》。著作尚有《耕養齋詩文集》、《西沚居士集》等。

《十七史商榷》共一百卷，成於乾隆五十二年（公元1787年）。所謂十七史，是指十七部“正史”，即《史記》、《漢書》、《後漢書》、《三國志》、《晉書》、《宋書》、《南齊書》、《梁書》、《陳書》、《魏書》、《北齊書》、《周書》、《隋書》、《南史》、《北史》、《新唐書》、《新五代史》。書中雖然論及《舊唐書》與《舊五代史》，但因宋人習慣稱為十七史，故沿用舊稱。所謂商榷，大致包括三方面：第一、校勘諸史文字和考證歷代史事、典制；第二、評述史家和史書；第三、評論歷史事件和歷史人物。作者敢於突破前人定論，例如魏收《魏書》，歷來視為穢史，作者認為不公允，說它未必出於諸史之下。書末有〈綴言〉二卷，討論史家義例崖略。本書除史事以外，尤詳於輿地、職官及典章制度，對研究正史有重要的參考價值，與《廿二史劄記》、《廿二史考異》齊名。

十七史商榷序
十七史者上起史記下訖五代史宋時嘗彙而刻之
者也商榷者商度而揚榷之也海虞毛晉汲古閣所
刻行世已久而從未有全校之一周者予爲改譌文
補脫文去衍文又舉其中典制事蹟詮解蒙滯審覈
踳駁以成是書故名曰商榷也舊唐書舊五代史毛
刻所無而云十七者統言之仍故名也若遼宋等史
則予未暇及焉大抵史家所記典制有得有失讀史
者不必橫生意見馳騁議論以明法戒也但當考其
典制之實俾數千百年建置沿革瞭如指掌而或宜
十七史商榷　序　一
法或宜戒待人之自擇焉可矣其事蹟則有美有惡
讀史者亦不必強立文法擅加與奪以爲褒貶也但
當考其事蹟之實俾年經事緯部居州次紀載之異
同見聞之離合一一條析無疑而若者可褒若者可
貶聽諸天下之公論焉可矣書生胸臆每患迂愚卽
使考之已詳而議論褒貶猶恐未當況其考之未確
者哉蓋學問之道求于虛不如求于實議論褒貶皆
虛文耳作史者之所記錄讀史者之所考核總期于
能得其實焉而已矣外此又何多求邪予束髮好談
史學將壯輟史而治經經既竣乃重理史業摩研排

《十七史商榷（序）》（民國初年上海文瑞樓石印本）

第三節　趙翼與《廿二史劄記》

趙翼（公元1727—1814年），清代江蘇陽湖（今江蘇武進）人，字雲崧，一字耘松，號甌北。乾隆時中進士，授翰林院編修，參與編纂《通鑑輯覽》；歷官廣西鎮安知府、廣州知府、貴西兵備道等職。中年辭官家居，主講安定書院，專心著述四十餘年。工詩善文，尤長於歷史考據，與錢大昕、王鳴盛齊名。他並不限於只對舊史補缺訂偽，而且把分散的史料加以比類綜合，也留心於評述歷代治亂興衰的因由及古今社會的變化。著有《廿二史劄記》[3]、《清朝武功紀盛》、《陔餘叢考》、《甌北詩鈔》等，大多收入《甌北全集》。

《廿二史劄記》所記實為二十四史，即從《史記》到《明史》，因當時尚未把《舊唐書》及《舊五代史》定為"正史"，故取此名。本書用筆記體裁寫成，共三十六卷，附補遺一卷，按二十四史先後分卷編次；每卷以類相從，各立標題，共為六百零九條。（表22）此書除考論各史的編撰情況、纂修體例、方法優劣、材料來源及真偽外，更把重大的歷史事件加以綜合比較，指出治亂興衰的原因。編寫方法是以本史證本史，頗具説服力；內容性質方面，則史法與史事並重。[4]書中還揭露了歷史上許多黑暗統治，但作者懾於清統治者的壓力，論事有所顧忌，其中亦有曲筆，例如贊成秦檜主和，又斥明末主張抗清諸臣為書生誤國等，為後世史家所譏。

3　"劄"字現時或簡寫為"札"，這兩個字的音義雖然相近，原不相同，所以仍以使用原字為佳。

4　《廿二史劄記》〈小引〉云："是編多就正史紀、傳、表、志中參互勘校，其有牴牾處，自見輒摘出，以俟博雅君子訂正焉。至古今風會之遞變，政事之屢更，有關治亂興衰之故者，亦隨所見附著之。"這段話道出了此書的編寫方法和內容性質。

表22《廿二史劄記》內容概略

卷次	所記史書	篇目舉例
卷一至三	《史記》、《漢書》	〈司馬遷作史年歲〉、〈史漢不同處〉等
卷四、五	《後漢書》	〈後漢書編次訂正〉、〈漢帝多自作詔〉等
卷六至八	《三國志》、《晉書》	〈後漢書三國志書法不同處〉、〈晉書所記怪異〉等
卷九至十二	《宋、齊、梁、陳書》並《南史》	〈宋書多徐爰舊本〉、〈南史過求簡淨之失〉等
卷十三至十五	《魏、齊、周、隋書》並《北史》	〈魏書多曲筆〉、〈隋文帝殺宇文氏子孫〉等
卷十六至二十	《新、舊唐書》	〈舊唐書源委〉、〈新唐書本紀書法〉等
卷二十一、二十二	《五代史》	〈薛史全採各朝實錄〉、〈五代姑息藩鎮〉等
卷二十三至二十八	《宋史》、《遼史》、《金史》	〈宋遼金三史〉、〈宋史事最詳〉等
卷二十九、三十	《元史》	〈金元二史不符處〉、〈元史自相岐互處〉等
卷三十一至三十六	《明史》	〈明史立傳多存大體〉、〈明初文人多不仕〉等

第四節　清代三大考史名著的比較

《廿二史劄記》成書於乾隆六十年（公元1795年），[5] 雖有謬誤，但並不因此而掩沒其優點，是研究二十四史的重要參考書籍，與《廿二史考異》、《十七史商榷》並稱清代三大考史名著，其作用與影響遠在二書之上。（表23）

5　乾隆六十年刊行的《廿二史劄記》，傳世者甚少；嘉慶年間以湛貽堂名義刊行的《甌北全書》，本書列為第一種，是後世的通行本。近年中華書局排印《廿二史劄記校證》，吸收二本之長，改正不少錯誤，較為完善。參閱王樹民〈廿二史劄記〉，倉修良主編《中國史學名著評介》第二卷，頁484。

表 23 清代三大考史名著的比較

書名	作者	卷數	內容特點
《廿二史考異》	錢大昕	100	詳於校勘文字，解釋訓詁名物；有時也對原書事實謬誤加以糾正。
《十七史商榷》	王鳴盛	100	有時雖也校釋文句，但着重於典章故實的論述。
《廿二史劄記》	趙翼	36	注意各史的著述沿革，評論得失，時亦校勘其抵牾，而對有關一代興衰變革的重大問題，論述尤詳。

總的來說，清代乾隆、嘉慶年間，在經學、史學、文獻學以及一切相關的治學領域，都彌漫着將考證作為時尚的風氣。以歷史考據學見長的，有錢大昕、王鳴盛等人，但他們絕非只知瑣碎考證，而是具有深刻思想的史家。趙翼和章學誠則是另一類人物，趙翼在歷史考據方面，並不見得十分嚴謹，他還在詩作中譏諷當時的考據風習；章學誠生當乾嘉考據學興盛時期，從事修志活動三十餘年，致志於理論性的史學研討，因而成為清代傑出的史學理論家。[6]

6　喬治忠著《中國史學史》，頁 286 — 297。

第十七章　六經皆史：章學誠與《文史通義》

第一節　章學誠的生平和學術

《文史通義》，清代章學誠撰，是繼劉知幾《史通》之後最重要的一部史學理論專著，且為後人開闢了許多新路徑。書中表達了卓越的識見，可謂博大精深，因此後世把章學誠與劉知幾並列，並非過譽。甚至有人認為章學誠"於史學最有貢獻，劉知幾、鄭漁仲〔樵〕皆非其倫。"[1]

章學誠（公元1738—1801年），字實齋，浙江會稽（今浙江紹興）人。他生活的時代，正是所謂"乾嘉盛世"；但他還是青少年時，就已經不喜歡章句之學。二十數後有志於史，兩次應鄉試不第，二十五歲進國子監讀書，後師事著名學者朱筠。三十四歲時，朱筠提督安徽學政，章學誠隨入幕中數年，得與史學家邵晉涵、洪亮吉等共事，相與討論學術。在此期間，曾主編《和州志》。三十九歲起，任國子監典籍，主講定州定武書院，並主修《永清縣志》。四十一歲，始中進士，歸部銓選，未獲官職。此後，為生活所迫，寄人籬下，先後主講於清漳、敬勝、蓮池等書院。五十歲起，往投河南巡撫畢沅，主講歸德文正書院，並主編《史籍考》。後又依亳州知州裴振，修《亳州志》；再赴武昌投湖廣總督畢沅，修《湖北通志》，並助編《續資治通鑑》。六十歲時依安徽巡撫朱珪，後又依揚州鹽運使曾燠。卒年六十四。

1　方壯猷著《中國史學概要》，頁191。

章學誠是中國古代史上繼劉知幾後的另一位傑出史評家。但他的著作，都是在艱難的生活環境下寫成的；章氏在世時除了所編修的幾部方志外，其他多未刊行，故不少遺稿已漸次亡佚。例如《校讎通義》缺一卷，《史籍考》三百二十五卷僅存書目，《湖北通志》也殘缺不全，惟有《文史通義》尚屬完整。章氏臨終前，曾將自己所存文稿委托王宗炎代為校訂編次。王氏分為三十卷，包括《文史通義》、《校讎通義》、《方志例略》、文集、《湖北通志檢存稿》，但未刊而卒。近人劉承幹又補輯外編十八卷、補遺一卷，其中收有《乙卯札記》、《永清縣志》、《和州志》等，於公元1922年刊為《章氏遺書》，末附王秉恩的校刊記，合為五十一卷。

章學誠撰寫《文史通義》，約始於乾隆三十七年（公元1772年），直至臨終時止，前後長達三十年，可說是他一生的心血結晶。

第二節　《文史通義》的內容和主張

《文史通義》是章學誠文章的匯編，原無固定的體例，書中文章大致按“內篇”、“外篇”等編排，章氏去世時還沒有編成定本，後人編印時，篇目次序互有出入。[2]此書有不同的版本，其一是上述於1922年刊行的《章氏遺書》，有內篇六卷、外篇三卷；其二是“大梁本”，即道光十二年（1832年）章氏次子章華紱在開封另行編印的本子，有內篇五卷、外篇三卷，另《校讎通義》三卷。兩種版本，內篇除排列次序及分卷不同外，前者多出七篇，大體尚無多殊異；外篇則差異較大，前者為“駁議序跋書說”，後者為方志之文。1956年，古籍出版社除依據《章氏遺書》本加標點重新排

2　劉漢屏〈文史通義〉，倉修良主編《中國史學名著評介》第二卷，頁498。

印外，還將1922年四川省圖書館《圖書集刊》所發表的〈章氏遺書逸篇〉五篇，作為《補遺續》一併收入。1985年中華書局出版的《文史通義校注》，內篇五卷，外篇三卷，附《校讎通義》三卷，總共十一卷，內容大略與"大梁本"相同。(表24)

表24《文史通義》內容概略

組成部分	版本比較	內容説明
內篇	《章氏遺書》本：六卷，比"大梁本"多出七篇； "大梁本"：五卷，內容無多殊異，多半泛論文史。	〈易教〉等十一篇闡明"六經皆史"之旨，認為六經是古代典章制度的記載； 〈史德〉、〈申鄭〉等篇論史學，〈浙東學術〉篇探討學術源流； 〈詩教〉、〈古文十弊〉等篇，討論文學流變及文章得失，反對追求形式，並對桐城派有所批判。
外篇	《章氏遺書》本及"大梁本"均各有三卷，但內容差異較大。	《章氏遺書》本為"駁議序跋書説"； "大梁本"為方志之文，論修志條例，闡述甚詳。

《文史通義》沒有一定體例，各篇之間也無一定聯繫。書中文史並論，而較側重於史。當時考據學盛行，而理學仍被統治者尊為學術正宗。但章氏認為考據學家長於考據而鮮言經世，理學末流又離事而言理，都是不切實際的。他主張"考索"與"義理"並重，強調學術研究不能脱離實際，應當經世致用。因此他在此書中闡述了自己對文史的主張，歸納起來主要有下列幾點：

第一、提倡"六經皆史"之説。章學誠是崇奉儒家經典的，但他把經等同於史的地位，反對空談義理，強調經世致用。他説："六經皆史也。

古人不著書，古人未嘗離事而言理，六經皆先王之政典也。"[3] 六經並不是理學家所說的"載道之書"。他認為"古無經史之分"，"盈天地間，凡涉著作之林，皆是史學，六經特聖人取此六種之史以垂訓者耳。子集諸家，其源皆書於史。"[4] 章學誠所說的"史"，既指具有具體的歷史事實和歷史資料的"史"，又指具有抽象義理的、經世致用的"史"。[5]

第二、把史籍區分為撰述與記注兩類。章氏認為"史學"必具"史意"，惟具"史意"方可謂"著述"。"史意"即"史家著述之微旨"。"著述"或稱"撰述"，是指有觀點、有材料、有分析的著作；資料的纂輯，則稱"比類"或"記注"。兩者相輔為用，缺一不可，但章氏較看重撰述。[6]

第三、探討史著的內容和體例。他極力提倡編修通史，"以通史能綱紀天人，推明大道，通古今之變，成一家之言等優點，故特稱之。"並指出通史有"六便"（免重複、均類例、便銓配、平是非、去抵牾、詳鄰事）和"二長"（具剪裁、主家法）。又認為史書的體例是不斷變化的，主張改革紀傳體史書："仍紀傳之體，而參本末之法，增圖譜之列，而刪書志之名。"[7]

第四、倡導編寫地方志。章氏認為方志是以地區為中心的史書，應以記載歷史文獻為主，而不在於考究地理沿革。又建議在各州縣設立志科，專管記錄史事和徵集、保存地方史料。他強調方志可以與國史相輔翼，主張把國史建築在地方志書的基礎上，才能達到全面和充實的地步。

第五、強調史家必須具備"史德"。史德是指"著書者之心術"而言，

---

3 《文史通義》〈易教〉上。〈經解〉中又說："事有實據而理無定形，故夫子〔按：指孔子〕之述六經，皆取先王典章，未嘗離事而著理。"

4 《文史通義》〈報孫淵如書〉。

5 倉修良《章學誠和文史通義》，頁 117。

6 《文史通義》〈家書〉三："吾於史學，貴其著述成家，不取方圓求備，有同類纂。"

7 《文史通義》〈與邵二雲論修宋史書〉。

要求史家能客觀地觀察事物，如實加以記載，不得憑私意進行褒貶。這是“欲為良史”的基本條件，否則縱然有才有學，也只能寫出“穢史”、“謗史”。[8]

第三節　《文史通義》的評價

《文史通義》在史學方面的貢獻，主要有下列數點：

第一，擴大了史學的範圍。劉知幾取《尚書》、《春秋》與《史記》、《漢書》並論，已開援經入史的先聲。章氏進而指出“六經皆史”，把幾部主要經典徹底看成古史材料，奠立了史料學的基礎，也提高了史學的地位。章氏認為史料來源有六：古代經典、州郡方志、金石圖譜、詩文歌謠、官府簿牘、家族傳狀，擴大了歷史研究和史料搜集的範圍。

第二，改進了史學方法。章氏不滿於向來討論中國史籍的，大半都只就形式上的不同來分類，少有從內容和它的功用方面加以詳細分析的。章氏區分史書為記注與撰述，明辨了史書編述工作中的不同功用，並指出兩者本自相同，而不相妨害。他反對把歷史研究局限於資料搜集和考證上，對史學的發展是有促進作用的。此外，他強調史書要有圖，史學言必有徵，以及提出評價歷史人物的方法等，都是史學方法上的創見。

第三，是方志學的建立。方志的根源很早，但成為受人重視的專門學問，而且提高到史書的地位，則始自章氏。他不但對方志的性質、內容、體例等問題，提出了系統的理論方法，還把他的見解貫徹於具體的編纂工作中，《湖北通志》的修撰，就是一例。

8　《文史通義》〈史德〉。

此外，章氏在目錄學方面的建樹，亦自成一套完整的思想體系。

然而，《文史通義》中亦不乏宣揚綱常禮教之例；[9] 對於歷代史學名著的評論，其觀點仍有值得商榷之處；書中所改史實，也有着錯誤的地方。而且，《文史通義》是一部未完成之作，又沒有嚴密的著述體例，大多為應時借題之作，外篇更是以平時讀書隨感、序言題跋等形式來闡述自己的學術主張，所以內容比較龐雜，組織比較鬆弛，這也是一個缺點。

第四節　劉知幾與章學誠的比較

劉知幾與章學誠先後輝映，但二人的主張和作風並不相同：

第一、對文史分合的看法各異。劉知幾反對文史混淆，《文史通義》合文史為一書，認為論文者前有劉勰的《文心雕龍》，論史者有劉知幾的《史通》，但通文史為一而合論者則未之見。事實上文與史不能截然劃分為二。就文而論，皆有史學價值，可供採擇；就史而論，非文無以成史。但世之能史者未必精於文，能文者未必兼通於史，混而一之，通而貫之，實有必要。

第二、二人重視各有不同。章學誠在家書中說："吾於史學，蓋有天授。自信發凡起例，多為後世開山。而人乃擬吾於劉知幾，不知劉言史法，吾言史意；劉議館局纂修，吾議一家著述。截然兩途，不相入也。"[10] 其自視之高，於此可見一斑，亦足以知二人之異。

不過，章氏未對"史意"作具體說明，大抵即對於史學所具有的別識

9　例如《文史通義》的〈婦學〉、〈婦學篇書後〉、〈詩話〉等篇，明顯地表現出維護封建道德、宣揚封建倫理的思想。

10　見《章氏遺書》卷九。

心裁，其實仍然是現在我們所說的“史學”的概念。但章氏對史學的貢獻，還是以史法為最多，對於歷史的意義及歷史科學的作用，並沒有做出具體的說明，所以章氏的實際成就亦未能高出劉知幾。

第三、章氏主張有超越於劉氏的。劉氏倡議史家必具才、學、識三條件，章氏益以史德。地理一門，歷來史家皆附書志中為一篇，未有倡行地方志的；章氏不但有此理論，更實際從事有關的編述，將史地融為一體。此外，章氏主張在紀表列傳之外加圖，於儒林、文苑列傳之外加史家傳，都是獨到之見。

此外，劉氏主張斷代為史，章氏則主張撰作通史；與劉氏相比，章氏經師氣息稍重等，都是二人較明顯的分別。

古文十弊

余論古文辭義例，自與知好諸君書凡數十通；筆為論著，又有〈文德〉〈文理〉〈質性〉〈黠陋〉〈俗嫌〉〈俗忌〉諸篇，亦詳哉其言之矣；然多論古人，鮮及近世。茲見近日作者所有言論與其撰著，頗有不安於心，因取最淺近者條為十通，思與同志諸君相為講明；若他篇所已及者不複述，覽者可互見焉。此不足以盡文之隱，然一隅三反，亦庶幾其近之矣。

一曰：凡為古文辭者，必先識古人大體，而文辭工拙又其次焉。不知大體，則胸中是非不可以憑，其所論次未必俱當事理，而事理本無病者，彼反見為不然而補救之，則率天下之人而禍仁義矣。有名士投其母氏行述，請大興朱先生作誌，敘其母之節孝，則謂乃祖衰年病廢臥牀，溲便無時，家無次丁，乃母不避穢褻，躬親薰濯，其事既已美矣。又述乃祖於時蹙然不安，乃母肅然對曰："婦年五十，今事八十老翁，何嫌何疑！"嗚呼！母行可嘉，而子文不肖甚矣。本無芥蒂，何有嫌疑！節母既明大義，定知無是言也。此公無故自生嫌疑，特添注以斡旋其事，方自以謂得體，而不知適如冰雪肌膚剜成瘡痏，不免愈濯愈痕瘢矣。人苟不解文辭，如遇此等，但須據事直書，不可無故妄加雕飾。妄加雕飾，謂之"剜肉為瘡"，此文人之通弊也。

二曰：《春秋》書內不諱小惡。歲寒知松柏之後彫，然則欲表松柏之貞，必明霜雪之厲，理勢之必然也。自世多嫌忌，將表松柏而又恐霜雪懷慚，則觸手皆荆棘矣。但大惡諱，小惡不諱，《春秋》之書內事，自有其權衡也。江南舊家，輯有宗譜，有羣從先世，為子聘某氏女，後以道遠家貧，力不能婚，恐失婚時，偽報子殤，俾女別聘，其女遂不食死，不知其子故在。是於守貞殉烈兩無所處，而女之行事實不愧於貞烈，不忍泯也。據事直書，於翁誠不能無歉然矣。第《周官》媒氏禁嫁殤，是女本無死法也。《曾子問》"娶女有日而壻父母死，使人致命女氏"，《注》謂"恐失人嘉會之時"，是古有辭昏之禮也。今制，“壻遠遊三年無聞，聽婦告官別嫁”，是律有遠絕離昏之條也。是則某翁詭託子殤，比例原情，尚不足為大惡而必須諱也；而其族人動色相戒，必不容於直書，則匿其辭曰“書報幼子之殤，而女家誤聞以為壻也”。夫千萬里外，無故報幼子殤，而又不道及男女昏期，明者知其無是理也，則文章病矣。人非聖人，安能無失！古人敘一人之行事，尚不嫌於得失互見也；今敘一人之事，而欲顧其上下左右前後之人皆無小疵，難矣！是之謂“八面求圓”，又文人之通弊也。

三曰：文欲如其事，未聞事欲如其文者也。嘗見名士為人撰誌，其人蓋有朋友氣誼，誌文乃倣韓昌黎之誌柳州也，一步一趨，惟恐其或失也。中間感歎世情反復，已覺無病費呻吟矣。末敘喪費出於貴人，及內親竭勞其事，詢之其家，則貴人贈賻稍厚，非能任喪費也；而內親則僅一臨穴而已，亦並未任其事也；且其子俱長成，非若柳州之幼子孤露，必待人為經理者也。詰其何為失實至此，則曰：“倣韓誌柳墓，終篇有云‘歸葬費出觀察使裴君行立’，又‘舅弟盧遵既葬子厚，又將經紀其家’，附紀二人，文情深厚，今誌欲似之耳。”余嘗舉以語人，人多笑之。不知臨文摹古，遷就重輕，又往往似之矣。是之謂“削趾適屨”，又文人之通弊也。

四曰：仁智為聖，夫子不敢自居；瑚璉名器，子貢安能自定！稱人之善，尚恐不得其實；自作品題，豈宜誇耀成風耶！嘗見名士為人作傳，自云“吾鄉學者鮮知根本，惟余與某甲為功於經術耳”。所謂某甲，固有時名，亦未見必長經術也；作者乃欲援附為名，高自標榜，恧矣！又有江湖遊士，以詩著名，實亦未足副也；然有名實遠出其人下者，為人作詩集序，述人請序之言曰：“君與某甲齊名，某甲既已弁言，君烏得無題品？”夫齊名本無其說，則請者必無是言；而自詡齊名，藉人炫己，顏頰不復知忸怩矣！且經援服鄭，詩攀李杜，猶曰“高山景仰”；若某甲之經，某甲之詩，本非可恃，而猶藉為名。是之謂“私署頭銜”，又文人之通弊也。

五曰：物以少為貴，人亦宜然也；天下皆聖賢，孔孟亦弗尊尚矣。清言自可破俗，然在典午則滔滔皆是也；前人譏《晉書》列傳同於小說，正以採掇清言，多而少擇也。立朝風節，強項敢言，前史侈為美談；明中葉後，門戶朋黨，聲氣相激，誰非敢言之士！觀人於此，君子必有辨矣，不得因其強項申威，便標風烈，理固然也。我憲皇帝澄清吏治，裁革陋規，整飭官方，懲治貪墨，實為千載一時。彼時居官，大法小廉，殆成風俗，貪冒之徒，莫不望風革面，時勢然也。今觀傳誌碑狀之文，敘雍正年府州縣官，盛稱杜絕餽遺，搜除積弊，清苦自守，革除例外供支，其文洵不愧於＜循吏傳＞矣；不知彼時逼於功令，不得不然，千萬人之所同，不足以為盛節，豈可見奄寺而頌其不好色哉！山居而貴薪木，涉水而寶魚蝦，人知無是理也；而稱人者乃獨不然。是之謂“不達時勢”，又文人之通弊也。

六曰：史既成家，文存互見，有如＜管晏列傳＞而勳詳於＜齊世家＞，張耳分題而事總於＜陳餘傳＞，非惟命意有殊，抑亦詳略之體所宜然也。若夫文集之中，單行傳記，凡遇牽聯所及，更無互著之篇，勢必加詳，亦其理也；但必權其事理足以副乎其人，乃不病其繁重爾。如唐平淮西，韓碑歸功裴度，可謂當矣；後中讒毀，改命於段文昌，千古為之歎惜。但文昌循於李愬，愬功本不可沒，其失猶未甚也；假令當日無名偏裨，不關得失之人，身後表阡，侈陳淮西功績，則無是理矣。朱先生嘗為編修蔣君撰誌，中敘國家前後平定準回要略，則以蔣君總修方略，獨力勤勞，書成身死，而不得敘功故也。然誌文雅健，學者慕之。後見某中書舍人死，有為作家傳者，全襲＜蔣誌＞原文，蓋其人嘗任分纂數月，於例得列銜名者耳，其實於書未寓目也；是與無名偏裨居淮西功，又何以異！而文人喜於摭事，幾等軍吏攘功，何可訓也！是之謂“同里銘旌”。昔有夸夫，終身未膺一命，好襲頭銜，將死，遍召所知，籌計銘旌題字；或循其意，假藉例封、待贈、修職、登仕諸階，彼皆掉頭不悅。最後有善諧者，取其鄉之貴顯，大書勳階師保殿閣部院某國某封某公同里某人之柩，人傳為笑。故凡無端而影附者，謂之“同里銘旌”，不謂文人亦效之也！是又文人之通弊也。

七曰：陳平佐漢，志見社肉；李斯亡秦，兆端廁鼠；推微知著，固相士之玄機；搜閒傳神，亦文家之妙用也。但必得其神志所在，則如圖畫名家，頰上妙於增毫；苟徒慕前人文辭之佳，強尋猥瑣以求其似，則如見桃花而有悟，遂取桃花作飯，其中豈復有神妙哉！又近來學者喜求徵實，每見殘碑斷石，餘文剩字不關於正義者，往往藉以考古制度，補史缺遺，斯固善矣；因是行文貪多務得，明知贅餘非要，却為有益後世推求，不憚辭費。是不特文無體要，抑思居今世而欲備後世考徵，正如董澤矢材，可勝既乎！夫傳人者文如其人，述事者文如其事，足矣；其或有關考徵，要必本質所具，即或閒情逸出，正為阿堵傳神。不此之務，但知市菜求增，是之謂“畫蛇添足”，又文人之通弊也。

八曰：文人固能文矣，文人所書之人，不必盡能文也。敘事之文，作者之言也，為文為質，惟其所欲，期如其事而已矣；記言之文，則非作者之言也，為文為質，期於適如其人之言，非作者所能自主也。貞烈婦女，明《詩》習《禮》，固有之矣。其有未嘗學問，或出鄉曲委巷，甚至傭嫗鬻婢，貞節孝義，皆出天性之優；是其質雖不愧古人，文則難期於儒雅也。每見此等傳記，述其言辭，原本《論語》《孝經》，出入《毛詩》〈內則〉，劉向之〈傳〉，曹昭之〈誡〉，不啻自其口出，可謂文矣。抑思善相夫者，何必盡識鹿車鴻案；善教子者，豈皆熟記畫荻丸熊！自文人胸有成竹，遂致閨修皆如板印。與其文而失實，何如質以傳真也！由是推之，名將起於卒伍，義俠或奮閭閻，言辭不必經生，記述貴於宛肖。而世有作者，於斯多不致思，是之謂“優伶演劇”。蓋優伶歌曲，雖耕氓役隸，矢口皆叶宮商，是以謂之戲也；而記傳之筆，從而效之，又文人之通弊也。

九曰：古人文成法立，未嘗有定格也；傳人適如其人，述事適如其事，無定之中有一定焉。知其意者，旦暮遇之；不知其意，襲其形貌，神弗肖也。

往余撰和州故給事〈成性志傳〉，性以建言著稱，故采錄其奏議。然性少遭亂離，全家被害，追悼先世，每見文辭，而〈猛省〉之篇，尤沉痛可以教孝，故於終篇全錄其文。其鄉有知名士賞余文曰："前載如許奏章，若無〈猛省〉之篇，譬如行船，鷁首重而舵樓輕矣。今此婺尾，可謂善謀篇也！"余戲詰云："設成君本無此篇，此船終不行耶？"蓋塾師講授《四書》文義，謂之時文，必有法度以合程式；而法度難以空言，則往往取譬以示蒙學。擬於房室，則有所謂間架結構；擬於身體，則有所謂眉目筋節；擬於繪畫，則有所謂點睛添毫；擬於形家，則有所謂來龍結穴；隨時取譬，習陋成風，然為初學示法，亦自不得不然，無庸責也。惟時文結習，深錮腸腑，進窺一切古書古文，皆此時文見解，動操塾師啟蒙議論，則如用象棋枰布圍棋子，必不合矣。是之謂"井底天文"，又文人之通弊也。

十曰：時文可以評選，古文經世之業，不可以評選也。前人業評選之，則亦就文論文可耳。但評選之人，多非深知古文之人。夫古人之書，今不盡傳，其文見於史傳。評選之家，多從史傳采錄；而史傳之例，往往刪節原文以就隱括，故於文體所具，不盡全也。評選之家，不察其故，誤謂原文如是，又從而為之辭焉。於引端不具而截中徑起者，詡謂發軔之離奇；於刊削餘文而遽入正傳者，詫為篇終之嶄峭；於是好奇而寡識者，轉相歎賞，刻意追摹，殆如左氏所云"非子之求，而蒲之愛"矣。有明中葉以來，一種不情不理、自命為古文者，起不知所自來，收不知所自往，專以此等出人思議誇為奇特，於是坦蕩之塗生荊棘矣。夫文章變化，侔於鬼神，斗然而來，戛然而止，何嘗無此景象，何嘗不為奇特！但如山之巖峭，水之波瀾，氣積勢盛，發於自然；必欲作而致之，無是理矣。文人好奇，易於受惑，是之謂"誤學邯鄲"，又文人之通弊也。

第十八章　現代中國史學的成立：從理論到方法

第一節　“新史學”的倡導及其發展

傳統中國史學在十九世紀中業以後日趨式微，由於新時代的需要，加上西方史學理論和方法的衝擊，現代中國史學隨着二十世紀的到來而開展。1903 年梁啟超（1873 — 1929 年）提出“新史學”的主張，宣告了現代中國史學的誕生。在這前後，中國學界譯介了日本學者浮田和民（1859 — 1935 年）的《史學原論》、坪井九馬三（1858 — 1936 年）的《史學研究法》等著作，從中既了解到日本史學的情形，也間接地認識了十九世紀以來的西方史學。[1]

史學理論、研究法和史學史，是歷史學的核心組成部分。19 世紀後期，中國學界已有若干以新方法、新形式寫成的史學著作，可以說是現代史學的萌芽時期，但真正的現代中國史學，是在二十世紀前期成立的。這既反映於西方重要著作的譯介和引進，更關鍵的是，中國學者撰寫的著作，在質和量方面都很可觀。

尤為值得注意之處，是外國新史學理論的介紹及中國新史學理論的形成。新史學在世界各國先後開展，是二十世紀史學界的最大特色，梁啟超率先提出“新史學”的觀念，可說是這潮流的濫觴；其後又撰《中國歷

1　參閱張玉法〈台海兩岸史學發展之異同（1949 — 1994）〉，“吳大猷院長榮退學術研討會”論文抽印本（台北：中央研究院，1994 年）。

史研究法》及《中國歷史研究法補編》，為中國的新史學奠定了基礎。史學界普遍對新史學的主張作出了回應，並產生了一批章節體的新史學著作。[2]

在此前後，何炳松譯《新史學》等西方著作，把西方的新史學介紹到中國；李大釗著《史學要論》，成為馬克思主義史學的開端。即是說，現代中國新史學的三大流派，在二十世紀前期已經形成，既自成系統，亦互相影響、互相滲透。其後大量的史學論著，大抵都不超出這三大流派的影響。二十世紀後半，便是現代中國史學的開展時期，中國內地、香港和台灣地區，以至海外華文學界，均各自按照本身的環境、條件和需要，撰寫不同形式和內容的史學論著。

二十世紀前期中國學界著譯的史學理論書籍，包括基礎理論、研究方法和史學史著作。(表 25)[3] 現代中國史學成立的經過，藉此可見一斑，二十世紀後期以來的中國史學，就是在這個基礎上發展起來的。

2　參閱張文建〈中國新史學思潮〉，蔣大椿、陳啟能主編《史學理論大辭典》(合肥：安徽教育出版社，2000 年)，頁 259 — 260。

3　文中提到的著作，一部分至今仍可在坊間購買，一部分只能見於圖書館中；此外，筆者也參考了北京圖書館編《民國時期總書目》(北京：書目文獻出版社，1994 年) 中的提要，及蔣大椿、陳啟能主編《史學理論大辭典》。

表 25 近代中國史學概論及史學史著作一覽（1922 — 1945 年）

著譯者	書名	出版社	年份	頁數
梁啟超著	中國歷史研究法	上海：商務印書館	1922	229
李守常著	史學要論	上海：商務印書館	1924	88
〔美〕魯濱生（J.H. Robinson）著，何炳松譯	新史學	上海：商務印書館	1924	271
〔法〕郎格諾瓦（C.V. Langlois）、瑟諾博司（C. Seignobos）著，李思純譯	史學原論	上海：商務印書館	1926	310
何炳松著	歷史研究法	上海：商務印書館	1927	83
〔美〕紹特韋爾（J.T. Shotwell）著，何炳松、郭斌佳譯	西洋史學史	上海：商務印書館	1929	392
〔美〕班慈（Harry Elmer Barnes）著，向達譯，何炳松校訂	史學	上海：商務印書館	1930	102
盧紹稷著，傅運森校	史學概要	上海：商務印書館	1930	209
何炳松著	通史新義	上海：商務印書館	1930	226
〔法〕施亨利（Henri Seé）著，黎東方譯	歷史之科學與哲學	上海：商務印書館	1930	173
梁啟超著	中國歷史研究法補編	上海：商務印書館	1933	254
劉靜白著	何炳松歷史學批判	上海：辛墾書店	1933	159
〔美〕班茲（Harry Blmer Barnes）著，董之學譯	新史學與社會科學	上海：商務印書館	1933	588
〔美〕弗領（Fred Morrow Fling）著，薛澄清譯	歷史方法概論	上海：商務印書館	1933	137
衛聚賢著	歷史統計學	上海：商務印書館	1934	232
李則綱著	史學通論	上海：商務印書館	1935	194
伯倫漢（E. Bernheim）著，陳韜譯	史學方法論	上海：商務印書館	1937	523
楊鴻烈著	歷史研究法	長沙：商務印書館	1937	469
姚永朴著	史學研究法	長沙：商務印書館	1938	58

楊鴻烈著	史學通論	長沙：商務印書館	1939	318
魏應麒著	中國史學史	長沙：商務印書館	1941	274
王玉璋著	中國史學史概論	重慶：商務印書館	1942	178
金毓黻著	中國史學史	重慶：國立編譯館	1944	329
常乃悳著	歷史哲學論叢	重慶：商務印書館	1944	121
〔意〕沙耳非米尼（Gaetano Salvemini）著，周謙沖譯	史學家與科學家——史學與社會科學性質概論	重慶：商務印書館	1945	108

第二節　史學理論著作

二十世紀二十年代，是史學理論著作的出版高峰期，其中以商務印書館的出版物為最早及最多，對史學界的影響也較大。具開創性意義的，有以下兩種：

（一）〔美〕魯濱生（J.H. Robinson）著，何炳松譯《新史學》（上海：商務印書館，1924 年）[4]。這是一冊論文集，共有〈新史學〉、〈歷史的歷史〉、〈歷史的新同盟〉、〈思想史的回顧〉、〈普通人應讀的歷史〉、〈羅馬的滅亡〉、〈1789 年的原理〉、〈史學下的守舊精神〉八篇文章，內容反映了著者所倡的新史學理論和方法，即打破政治史研究的傳統，把歷史的範圍擴大到人類既往的全部活動，並以進步觀點來考察歷史變化。

（二）李守常著《史學要論》（上海：商務印書館，1924 年）。李守常即李大釗（1889 — 1927 年），是新文化運動的倡導者，後又致力於宣揚馬克思主義，《史學要論》這本小冊子就是以唯物史觀撰寫的史學講義，共

4　此書譯自：J.H. Robinson, *The New History, Essays Illustrating the Modern Historical Outlook.*（New York: Macmillan, 1911）

有〈甚麼是歷史〉、〈甚麼是歷史學〉、〈歷史學的系統〉、〈史學在科學中的位置〉、〈史學與其相關學問的關係〉、〈現代史學的研究及於人生態度的影響〉六篇。作者強調中國傳統史學必須改革，對甚麼是歷史、歷史學和歷史觀，以及三者之間的關係作了闡釋；又認為歷史學應是研究社會變革的學科，並從人類、民族、國民、社會、氏族、個人的經歷論，去構築歷史理論的體系。在現代中國史學發展史上，這是第一部系統的馬克思主義史學理論著作，"此書對中國馬克思主義新史學，特別是史學理論的建立具有奠基意義。"[5]

（三）〔法〕郎格諾瓦（C.V. Langlois）、瑟諾博司（C. Seignobos）著，李思純譯《史學原論》（上海：商務印書館，1936 年）[6]，是另一種較重要的史學理論著作。此書內容比較豐富，分為初基知識、分析工作、綜合工作三部分，最後為結論，論述歷史研究方法。書末附〈法蘭西中等歷史教育〉和〈法蘭西高等歷史教育〉。書中闡述了歷史學家在進行工作時，必須遵從的一些原則和方法；著者十分重視史料，強調外證和內證的鑑定。

由中國人自著的，有以下幾種：

（一）盧紹稷著、傅運森校《史學概要》（上海：商務印書館，1930 年）。此書認為史學是研究人類社會繼續活動的跡象，以尋求因果關係的一門學問。共有七章，依次為〈中國史學界之回顧〉、〈西洋史學界之回顧〉、〈現代史學之發達〉、〈史學與科學〉、〈歷史研究法〉、〈歷史教學法〉，並附何炳松〈中國史學演化之陳跡〉一文。

（二）李則綱著《史學通論》（上海：商務印書館，1935 年）。此書分為十章，包括甚麼是歷史、歷史學、關於史料諸問題等；前六章多引他人

---

5 姜義華主編《中國學術名著提要・歷史卷》（上海：復旦大學出版社，1994 年），頁 541。

6 此書譯自：C.V. Langlois, C. Seignobos, *Introduction aux Etudes Historiques.*（Paris, 1898）

論述，後四章為作者的結論性著述。內容強調中國的歷史學應與轉型期的時代協調，另闢新的局面。

（三）楊鴻烈著《史學通論》（長沙：商務印書館，1939 年）。此書共七章，依次為〈導言〉、〈史學的科學性質的鑒定〉、〈史學的"今"與"昔"〉、〈論歷史的正當"目的"〉、〈論歷史的功用〉、〈論史的分類〉、〈論與歷史有關係的種種科學〉。此書體系完整，條理清晰，但不同意新、舊史學的提法，主張以今、昔史學作為區分。

早在晚清時期，已有一種著作出版，但很少為人所知，實亦有開創之功。此書是曹佐熙著《史學通論》，1910 年由湖南中路師範學堂印行，線裝，內容包括〈題詞〉、〈凡例〉及正文七篇。書中討論了史學的幾個問題，包括"史"和"史學"的區分、"史之關係"與"史學之關係"、"史學之旁通"（指史家應兼具其他學科知識）；又將史學研究方法分為"內研"和"外研"，"內研"是指如何處理史學內容，"外研"是指歷史著作的外在形式，仍然"帶有異常濃厚的傳統史學色彩"。[7] 但應肯定，此書是近代中國學者初步接觸"新學"之後，試圖融會西方史學的先驅著作，有一定的時代意義。

第三節　歷史學與其他學科的關係

首先，關於歷史學與其他學科的關係，早期的譯著有兩種：

（一）〔美〕班茲（Harry Blmer Barnes）著，董之學譯《新史學與社會

7　劉澤華主編《近九十年史學理論要籍提要》（上海：書目文獻出版社，1991 年），頁 5—9。

科學》(上海：商務印書館，1933 年)[8]。此書篇幅較多，內分十章，依次探討：史學之過去與將來；地理與歷史撰述歷史解釋之關係；心理學與史學；人類學與史學；社會學與史學；科學史與史學之關係；經濟學與動進史學；政治學與史學；論理學與歷史；史學與社會理智。

(二)〔意〕沙耳非米尼 (Gaetano Salvemini) 著，周謙沖譯《史學家與科學家——史學與社會科學性質概論》(重慶：商務印書館，1945 年)[9]。這本小冊子原為作者在美國芝加哥大學的演講，內分〈史學與社會科學之定義〉、〈歷史的懷疑主義〉、〈選材與想象〉、〈偏見與假設〉等十二章；卷首有譯者長序，對全書作介紹和評述。

其次，論述歷史哲學的專書，有以下兩種：

(一)〔法〕施亨利 (Henri Seé) 著，黎東方譯《歷史之科學與哲學》(上海：商務印書館，1930 年)[10]。此書除導言和結論外，有以下八章：〈歷史哲學的起源〉、〈歷史的玄學概念：里格爾〉、〈實證派的概念：孔德〉、〈歷史的批評概念：古爾諾〉、〈歷史科學論〉、〈歷史的比較方法〉、〈歷史中的進化觀念〉、〈我們能否有一種科學的歷史哲學〉。

(二) 常乃悳著《歷史哲學論叢》(重慶：商務印書館，1944 年)。這是一冊史學論文集，內收〈歷史與哲學〉、〈歷史與歷史學觀念的改造〉、〈史學的意義及其可創性〉、〈歷史的本質及其構成的程序〉、〈歷史的重演問題〉、〈關於思想〉、〈歷史文化之有機的發展〉、〈人生的悲劇與國際的悲劇〉、〈文化與國家〉、〈中華民族在世界中的地位與其前途〉、〈中華民族怎

---

8 此書譯自：Harry Blmer Barnes, *The New History and the Social Studies.* (New York: The Century Co., 1925)

9 此書譯自：Gaetano Salvemini, *Historian and Scientist: An Essay on the Nature of History and the Social Sciences.* (Cambridge, Mass.: Havard University Press, 1939)

10 此書譯自：Henri Seé, *Science et Philosophie de l'histoire.* (Paris: F. Alcon, 1928)

樣生存到現在〉、〈日本民族的人格分析〉十二篇。

第四節　史學方法論

在二十世紀二三十年代出版的史學方法論著，計共十餘種，其中由商務印書館出版的佔半數以上，且較具份量。譯著方面，除上述李思純譯《史學原論》外，還有：

（一）〔美〕弗領（Fred Morrow Fling）著，薛澄清譯《歷史方法概論》（上海：商務印書館，1933 年）[11]。這小冊子分八個部分：〈引論〉、〈選擇題目的方法——史料的搜集和分類〉、〈史料的批評——真偽的決定〉、〈史料的批評——時地人的斷定〉、〈史料的批評——史料源流問題〉、〈史實的建造〉、〈綜合法——事實的編比〉、〈史文作法〉。

（二）伯倫漢（E. Bernheim）著，陳韜譯《史學方法論》（上海：商務印書館，1937 年）[12]。此書內容頗為豐富，分為〈史學之概念及本質〉、〈方法論〉、〈史料學〉、〈考證〉、〈綜觀〉、〈敘述〉六章。著者指出歷史方法的主要任務有二：其一是在材料搜集之後，確定其真實性；其二是認識諸事實之間的關係，作出綜合的考察。時至今日，仍被視為一冊權威的著作。

國人自著的，有以下幾種：

（一）何炳松著《歷史研究法》（上海：商務印書館，1927 年）。這僅是一種內容深入淺出的小冊子，但具有先驅的意義。書中分博采、辨偽、知人、考證與著述、明義、斷事、編比、著作等十章，介紹治史法並表示

11　此書譯自：Fred Morrow Fling, *The Writing of History: An Introduction to Historical Method.*（New Haven: Yale University Press, 1920）

12　此書譯自：E. Bernheim, *Lehrbuch der Historischen Methode.*（Leipzig, 1889）

自己贊同治史上的疑古態度。內容參考了德、法學者的著作，也吸收了中國傳統史學的一些觀點，扼要而有系統，在近代中國史學界中有較大影響。

（二）何炳松著《通史新義》（上海：商務印書館，1930 年）。此書分為兩篇：上篇十章，專論社會史資料研究法，討論史料考訂與事實編比的理論及應用；下篇十一章，專論社會史研究法，對社會通史的著作及其與他種歷史的關係加以說明。著者介紹了西洋最新的通史體例，力求建設中國新史學的體例和方法。順帶一提，其後有劉靜白著《何炳松歷史學批判》（上海：辛墾書店，1933 年）。此書從歷史科學論、方法論、系統論、發展論等方面對何炳松上述二著及《增補章實齋年譜序》及《歷史上之演化問題及其研究法》等書分章進行批判。

（三）衛聚賢著《歷史統計學》（上海：商務印書館，1934 年）。此書收〈歷史統計學〉、〈中國統計學史〉兩篇論文，提倡通過統計來研究歷史，附〈統計法〉一文。此書是中國第一部運用統計學原理研究歷史的方法論專著，作者指出運用統計方法研究社會問題有三個好處：第一，可使複雜的事物表述化繁為簡，便於比較；第二，可以為分析提供可靠的依據，從中求得正確的見解；第三，有助於預測將來人事的變遷。

（四）楊鴻烈著《歷史研究法》（長沙：商務印書館，1937 年）。此書內容較詳盡，側重介紹史料的研究整理，認為歷史研究法應包括搜集史料法、審訂史料法、整理和批判史料法等。書中還介紹了關於史料的認識及種類，基本上是一冊史料學概論。

（五）姚永朴著《史學研究法》（長沙：商務印書館，1938 年）。這本小冊子將歷史學分成史原、史義、史法、史文、史料、史評、史翼七類，分別作了介紹。

專門探討中國歷史研究方法的開山著作，當推梁啟超著《中國歷史研究法》（上海：商務印書館，1922 年）。此書原為梁氏在天津南開大學授課的講義，分為六章：〈史之意義及其範圍〉、〈過去之中國史學界〉、〈史之改造〉、〈說史料〉、〈史料之搜集與鑒別〉、〈史跡之論次〉，比較系統地討論了歷史學的性質、研究對象、目的和方法，強調要打破以君主歷史和政治史為本位的舊史結構，調整史學研究的範圍，寫出合乎理想的新史著。梁啟超其後又著《中國歷史研究法補編》（上海：商務印書館，1933 年）。此書總論有三章：〈史的目的〉、〈史家的四長——史德、史學、史識、史才〉、〈五種專史概論——人、事、文物、地方、斷代〉。另有分論探討上述五種專史，但地方和斷代只在目錄中列出，書內從略。

第五節　史學史著作

早期有關史學史的著作，是從外國翻譯過來的。可舉的有兩種，都由商務印書館出版：

（一）〔美〕紹特韋爾（J.T. Shotwell）著，何炳松、郭斌佳譯《西洋史學史》（上海：商務印書館，1929 年）[13]。此書內容分導言、猶太史、希臘史、羅馬史、基督教與歷史五編，共二十七章，書末附〈中古及近代史學〉。

（二）〔美〕班慈（Harry Elmer Barnes）著，向達譯，何炳松校訂《史學》

13　此書譯自：J.T. Shotwell, *An Introduction to the History of History.*（New York: Columbia University Press, 1939）

(上海：商務印書館，1930 年)[14]。班慈或譯班茲，其《新史學與社會科學》已如上述。這本小冊子分三部分：一、史學之性質及其目的；二、史著進展中之幾種重要現象；三、新史學或綜合史學；書末附參考書舉要。

有關中國史學史的著作，較早出版的是魏應麒著《中國史學史》(長沙：商務印書館，1941 年)。此書分上、下兩編：上編是中國史學概論，包括中國史學的特質及價值，史籍的位置與類別，史官的建置與職守；下編則分期敘述自遠古至民國每一時代史學發展的情況，並評述了劉知幾、鄭樵、章學誠、梁啟超等史學家治史的理論。另有王玉璋著《中國史學史概論》(重慶：商務印書館，1942 年)。此書共五章，包括〈史官〉、〈史籍名著述評〉、〈史體〉、〈歷史哲學〉、〈史學之新趨勢〉。

朱希祖著《中國史學通論》(重慶：獨立出版社，1944 年) 也是一種史學史專著，撰於 1919 年至 1920 年間，分為兩篇：上篇“中國史學之起源”，內容依次為〈史字之本誼〉、〈有文字而後有記載之史〉、〈再論書記官之史〉、〈未有文字以前之紀載〉、〈再論追記偽托之史〉、〈論歷史之萌芽〉(上、下)；下篇“中國史學之派別”，內容依次為〈編年史〉、〈國別史〉、〈傳記〉、〈政治史與文化史〉、〈正史〉、〈紀事本末〉。附錄〈太史公解〉和〈漢十二世著紀考〉。

其後，金毓黻著《中國史學史》(重慶：國立編譯館，1944 年)。此書除〈導言〉及〈結論〉外，共有十章，依次為〈古代史官概述〉、〈古代之史家與史籍〉、〈司馬遷與班固之史學〉、〈魏晉南北朝以迄唐初私家修史之始末〉、〈漢以後之史官制度〉、〈唐宋以來設館修史之始末〉、〈唐宋以來之私修諸史〉、〈劉知幾與章學誠之史學〉、〈清代史家之成就〉及〈最近史學

14 此書譯自：Harry Elmer Barnes, *History of History.* 按：向達譯《史學》初版，收入“社會科學史叢書”；亦收入何炳松、劉秉麟主編“社會科學小叢書”中，改題《史學史》。後又列為《社會科學史綱》第一冊：史學 (1940 年)。

之趨勢〉。其設置深受梁啟超的影響，採用清儒考據之法，考辨歷代史官制度、史家成就及史籍的真偽與體例。[15] 內容較為全面和詳盡，作者在史料方面有深厚的功力，因而備受注重，成為中國史學史研究的經典著作。

15 〈出版說明〉，金毓黻著《中國史學史》（上海：上海古籍出版社，2014 年）。

參考書目

（一）辭書、中國通史：

- 《辭海》（歷史分冊・中國古代史），上海：上海辭書出版社，1981 年。
- 吳澤、楊翼驤主編《中國歷史大辭典》（史學史卷），上海：上海辭書出版社，1983 年。
- 邱樹森主編《中國史學家辭典》，石家莊：河北教育出版社，1990 年。
- 《中國大百科全書》(中國歷史) 一至三冊，北京：中國大百科全書出版社，1992年。
- 《中國歷史大辭典》上、下冊，上海：上海辭書出版社，2000 年。
- 蔣大椿、陳啟能主編《史學理論大辭典》，合肥：安徽教育出版社，2000 年。
- 楊寬、方詩銘、程應鏐、陳旭麓、沈起煒主編《中國通史詞典》上、下冊，上海：上海人民出版社，2008 年。
- 翦伯贊主編《中國史綱要》第一至四冊，北京：人民出版社，1965 年。
- 傅樂成《中國通史》（增訂本）上、下冊，台北：大中國圖書公司，1972 年。
- 錢穆《國史大綱》（修訂本）上、下冊，台北：國立編譯館，1977 年。
- 劉澤華、楊志玖等編著《中國古代史》上、下冊，北京：人民出版社，1979 年。
- 張舜徽《中國人民通史》上、中、下冊，武漢：湖北人民出版社，1989 年。

（二）史家、史籍概説：

- 張舜徽主編《中國史學家傳》，瀋陽：遼寧人民出版社，1984 年。
- 張舜徽《中國歷史要籍介紹》，武漢：湖北人民出版社，1957 年；修訂本改題《中國古代史籍舉要》，1980 年。
- 周億孚《中國史籍提要》，香港：香港中文出版社，1965 年。
- 錢穆《中國史學名著》一、二，台北：三民書局，1973 年。
- 王樹民《史部要籍解題》，北京：中華書局，1981 年。
- 蘇淵雷《讀史舉要》，哈爾濱：黑龍江人民出版社，1981 年。
- 柴德賡《史籍舉要》，北京：北京出版社，1982 年。
- 李宗鄴《中國歷史要籍介紹》，上海：上海古籍出版社，1982 年。
- 呂濤、潘國基、奚椿年《史籍淺説》，廣州：廣東人民出版社，1984 年。
- 張舜徽主編《中國史學名著題解》，北京：中國青年出版社，1984 年。
- 倉修良主編《中國史學名著評介》第一至三卷，濟南：山東教育出版社，1990 年。
- 劉澤華主編《近九十年史學理論要籍提要》，北京：書目文獻出版社，1991 年。

- 姜義華主編《中國學術名著提要・歷史卷》，上海：上海復旦大學出版社，1994 年。
- 畢素娟、熊國禎《中國古代著名史籍》（增訂版），北京：商務印書館，1997 年。
- 倉修良《史家・史籍・史學》，濟南：山東教育出版社，2000 年。
- 陳垣著，陳智超編《中國史學名著評論》，北京：商務印書館，2014 年。

（三）史學史、史學概論：
- 李宗侗《中國史學史》，台北：中國文化學院出版部，1979 年。
- 朱杰勤《中國古代史學史》，開封：河南人民出版社，1980 年。
- 張孟倫《中國史學史》上，蘭州：甘肅人民出版社，1983 年。
- 陶懋炳《中國古代史學史略》，長沙：湖南人民出版社，1987 年。
- 白壽彝主編《中國史學史》第一至六卷，上海：上海人民出版社，2006 年。
- 倉修良《中國古代史學史》，北京：人民出版社，2009 年。
- 喬治忠《中國史學史》，北京：中國人民大學出版社，2011 年。
- 李宗侗《史學概要》，台北：正中書局，1968 年。
- 徐文珊《中國史學概論》，台北：維新書局，1973 年。
- 朱希祖《中國史學通論》，台北：莊嚴出版社；1977 年重印本。
- 顧頡剛口述，何啟君整理《中國史學入門》，北京：中國青年出版社，1983 年。
- 葛懋春、謝本書編《歷史科學概論》，濟南：山東教育出版社，1983 年。
- 方壯猷《中國史學概要》，武漢：武漢大學出版社，2011 年。

（四）史家、史籍分論：
- 王健群《二十四史提要》，哈爾濱：黑龍江人民出版社，1982 年。
- 白壽彝《史記新論》，北京：求實出版社，1981 年。
- 安作璋《班固與漢書》，濟南：山東人民出版社，1979 年。
- 戴蕃豫《范曄與其後漢書》，長沙：商務印書館，1941 年；香港：一山書屋重印本。
- 呂思勉《史通評》，香港：太平書局重印本，1964 年。
- 許冠三《劉知幾的實錄史學》，香港：中文大學出版社，1983 年。
- 張煦侯《通鑑學》（修訂本），合肥：安徽人民出版社，1981 年。
- 柴德賡《資治通鑑介紹》，北京：求實出版社，1981 年。
- 倉修良《章學誠和文史通義》，北京：中華書局，1984 年。
- 陳秉才、高德《中國古代的編年體史書》，北京：人民出版社，1987 年。

（五）論集、資料選讀：
- 歷史研究編輯部編《司馬遷與史記論集》，西安：陝西人民出版社，1982 年。
- 北京師範大學史學研究所編《司馬遷研究新論》，開封：河南人民出版社，1982 年。

- 繆鉞《讀史存稿》，北京：三聯書店，1963 年。
- 柴德賡《史學叢考》，北京：中華書局，1982 年。
- 杜維運、黃進興編《中國史學史論文選集》上、下，台北：華世出版社，1976 年。
- 上海師範大學歷史系中國史學史研究室吳澤主編、袁英光編選《中國史學史論集》一、二，上海：上海人民出版社，1980 年。
- 郝建樑、班書閣編《中國歷史要籍介紹及選讀》，北京：高等教育出版社，1957 年。
- 高振鐸、張家璠編《中國歷史要籍介紹及選讀》上、下，哈爾濱：黑龍江人民出版社，1982 年。
- 雷敢選注《中國歷史要籍序論文選注》，長沙：岳麓書社，1982 年。
- 中國歷史文獻研究會《中國古代史學家傳記選注》長沙：岳麓書社，1984 年。

附記：本書介紹各種史籍書目從略。